Yoga

caminho para Deus

HERMÓGENES

Edição revista e atualizada

Yoga
caminho para Deus

15ª EDIÇÃO

NOVA ERA

CIP-Brasil. Catalogação-na-fonte
Sindicato Nacional dos Editores de Livros, RJ.

Hermógenes, 1921-
H475y Yoga: caminho para Deus / Hermógenes. – 15ª ed. – Rio de
15ª ed. Janeiro: Nova Era, 2006.

ISBN 85-7701-218-2

1. Yoga. I. Título.

05-1610 CDD – 181.45
CDU – 1(1-11)

Projeto gráfico de miolo e capa: Julio Moreira
Imagem de capa: Photodisc, CD Landscape Light

Direitos exclusivos desta edição reservados pela
EDITORA NOVA ERA um selo da EDITORA BEST SELLER LTDA.
Rua Argentina 171 – Rio de Janeiro, RJ – 20921-380 – Tel.: 2585-2000

Impresso no Brasil

ISBN 85-7701-218-2

PEDIDOS PELO REEMBOLSO POSTAL
Caixa Postal 23.052
Rio de Janeiro, RJ – 20922-970

A Jesus, pelo que me disse como ensino, pelo
que ensina sem dizer, pelo que deu de amor,
pelo que aceitou e perdoou,
pelo que foi, é,
e será: Eternidade.
A Jesus – Amor, Verdade e Ação –,
que nos leva de volta ao Pai.
A meu amado Guru, Jesus, o Cristo,
este livro e todo o meu ser.

HERMÓGENES

Sumário

Prefácio

Oh vós que tendes o intelecto são,
Mirai a doutrina que se esconde
Sob o véu destes estranhos versos
(Dante Alighieri, *A divina comédia*)

O momento é agora

DIANTE DE MIM, ESPALHADOS sobre a velha mesa, estão a máquina de escrever, antiga companheira de tantas batidas; um jarro de flores e os originais da obra de Hermógenes – *Yoga: caminho para Deus*. O vento fresco, o cheiro da manhã, um pássaro cruzando o céu, os ruídos da casa. Todo o cotidiano de um amanhecer de domingo numa cidade do interior. E, acima de tudo, embebendo uma presença maior de Algo de que não sei o nome, mas que sinto na carne. E que tenta se expressar neste teclado, e, quando chega a marcar o papel, já não é o que eu sentia.

Yoga: caminho para Deus é uma constelação de idéias-forças. Um livro extraordinário, que não tem começo nem fim. É vivo, aqui e agora, a cada instante de uma percepção maior. Numa época em que o artificialismo da vida, a mecanização em vários níveis de nossa existência levam a criatura pelos abismos do sofrimento, estas páginas são um raio de sol, uma brisa fresca para os que se abrasam na dúvida e na falta de sentido de suas existências.

É prosa. Poesia. É "proesia". Visando um despertar do homem amadurecido para uma realidade tão patente como este livro que está diante de teus olhos.

Um conselho, de saída, deve ser dado: se pretendes ler estas páginas como fazes normalmente com revistas e jornais, ou mesmo com os livros que te interessam, é bom deixares de lado a leitura. Vai fazer outra coisa. Não gastes teu tempo e teu dinheiro. O livro ser-te-á completamente fechado. Hermético, piegas. Sem qualquer valor prático. Volta à vida habitual. Mergulha nela. Faz ruído com as tuas palavras. Busca ainda mais sensação no vazio do relacionamento. Sofre. Sofre intensamente pois. Talvez um dia – quem sabe?! – irás despertar para outra realidade. Então o mundo se transfigurará. O cotidiano parecerá iluminado por dentro com uma "outra" luz. É a presença viva Daquilo que muitos chamam Deus, por não existir outra palavra que o expresse. Chama-O como quiseres. Pouco importa. Ele é grande demais para ser contido na limitada expressão humana. Não discutamos também se Ele é Cristo, Buda, Maomé, Jeová, Brahma. Não importa. Ele é grande demais para se limitar num só aspecto. Mas pequeno demais para ser contido por todas as criaturas. Se não acreditas nisto que falamos, se te julgas ateu ou livre-pensador, também pouco importa. Podes continuar "na tua" enquanto quiseres, pois Ele é misericordioso e não te abandonará por isso.

Os oito capítulos do livro são estágios de uma realização espiritual, que se inicia quando a criatura se vê diante do Pórtico. É o instante mágico da Conversão. Daquela modificação na estrutura do Ser, que equivale a uma mudança de estado, em termos da Física. Não julgues nunca que este instante está distante. Que deve ser deixado para um momento em que tenhas tempo e menos preocupações. Esse postergar, deixar para amanhã, é uma fuga justificada desse Encontro. O momento é Agora. Já! Neste mesmo instante em que estiveres lendo esta frase. Não há o amanhã. Não dificultes o encontro. Nem te julgues atrasado. Não te mortifiques com tuas limitações e deficiências. O local é Aqui! Não é necessário abandonar o mundo. Ir a terras estranhas. Sentar aos pés dos mestres. É indispensável somente aquela busca do Ser, que Hermógenes nos apresenta como *Swadyaya*. A "entrega" (*Ishwarapranidhana*) nas "mãos" Daquele que nos sustém, mesmo que não queiramos. Essa "disponibilidade", esse estado de vacuidade, como dizem os budistas, é fundamental para que o Pleno tome posse e voltemos a ser o que sempre fomos e não sentimos: seus filhos.

Amigo que me lês, isto não são palavras apenas!

São coisas tão reais como esta pequenina formiga, que avança cambaleando pelas pétalas desta dália que tenho diante dos olhos, uma dália que nunca verás como eu a vejo agora, uma dália que é, agora, o centro do mundo, deste universo em que vivemos e temos o ser.

Quando encontrares o teu Ser verdadeiro, que os hindus chamam de *Atman* e os cristãos, de Espírito, terás reencontrado Aquilo do qual nunca te afastaste por mais distante que pensaste Dele estar. E O encontrarás em tudo que faças.

Segue-se *Tapas*, a Austera Disciplina.

Em primeiro lugar, uma rápida consideração sobre o que seja *Tapas*: é uma palavra sânscrita que significa "sacrifício", e que desperta portanto a noção de sofrimento, de dor. As deformações psicológicas do sentido profundo da palavra são a causa de grande parte do sofrimento humano. Sacrifício é o "sacro ofício". É Amor. Entrega. A "austeridade" não é perda de liberdade, e sim o reencontro com a espontaneidade de ser. É a antítese do que imaginamos. A "austera disciplina" é a plena expansão de uma vida criativa. É criatividade. Criação na atividade. É o Amor que liberta. *Bhakti* é Amor. E que é Amor? Quais são suas dimensões? O Amor que se expressa através de *Bhakti* é aquele que nos leva a mergulhar no Absoluto, perdendo o conceito do "eu" à parte. Não há Amor enquanto há um "eu" para gozá-lo.

Vemos que a velha palavra amor, que possui tantos matizes, adquire plena iluminação quando não existe mais o "eu" e os "outros". Existe só o simples ato de Amar. A fluência. Um rio possui uma nascente e uma foz distante. Se a nascente não se expandir constantemente, num ato de eternamente se dar, nunca existirá o rio, e muito menos a foz. A nascente e a foz são o Rio. É a sua fluência que permite sua existência. Assim também ocorre com todos os seres. Corremos para o Grande Oceano. Somos chamados por Ele a cada instante, na duração de nossas vidas. E não sentimos o apelo. Não sentimos a presença desse movimento irresistível. O milagre acontece quando deixamos fluir nossa existência, não reprimindo sua ação. Então, mais de nós surgirá. Da fonte que somos brotará uma quantidade maior de água, que correrá densa, compacta, entregando-se, sem distinção, a todos que chegarem com sede às suas margens.

Deus Supremo é Amor, Ação e Sabedoria.

Em qualquer dos caminhos – do Amor, da Ação, da Sabedoria – que, a todos os momentos, estão à tua disposição, poderás encontrá-lo. Todos eles são, na realidade, um só: *Sádhana*. Esse caminho é a Prática. É ela a Libertação. Entretanto, entre o amor, a ação e o conhecimento do homem mecânico, condicionado, há um abismo que o separa do verdadeiro Amor, da Ação fecunda e da libertadora Sabedoria do homem atento.

Este livro, pequeno de porte, é de um enorme Poder de despertar.

O momento é agora!

Murilo Nunes de Azevedo
Engenheiro, monge e teósofo

Convite

... muitos são convidados, mas poucos escolhidos.
(Mt 22:14)

A HORA É CHEGADA.

Se você quiser, pode ficar onde está e como está, a perder tempo.

Se você quiser, pode continuar inconsciente e sem rumo, sem rota, sem objetivo, perdendo tempo e perdendo-se dentro do tempo.

O homem desperto, graças a longas experiências decisivas, já elegeu seu rumo, e está irreversivelmente a caminho.

A viagem redentora é na direção de dentro, dentro de nós. Ali se encontra o Senhor, o próprio Brahma, Ser Absoluto.

Yoga é o rompimento de grilhões, de condicionamentos e dependência. É libertação.

Yoga é vitória sobre as trevas. É iluminação.

Yoga é reencontro com o Ser-Verdade. É divinização.

Yoga é esforço, luta e vitória.

É o partir, o caminhar e o chegar.

Há modos diferentes para vencer distâncias, na estrada para Deus.

Se o que mais nos afasta de Deus e nos vincula ao mundo é nosso imperfeito *amar*, é nossa incapacidade para o verdadeiro amor, nosso caminhar tem de ser não contra o mundo, mas a favor de Deus. Será a universalização e divinização de nosso amor que poderá cortar as amarras de servidão e dar-nos, na unificação com o Deus que amamos, a libertação salvadora. A isto se chama *Bhakti Yoga*.

Se o que nos tem frustrado a sede de felicidade, e nos tem amargurado e retido é nosso agir egoístico e alienante, nosso caminhar consistirá em divinizar nossa atuação no mundo de Deus, e, assim, unir-nos ao Deus do mundo. A isto se chama *Karma Yoga*.

Se o que nos empobrece e amesquinha é a ilusão de sermos antiDeus, padecendo uma *distância* frustradora imensa, nosso caminhar precisa ser no rumo da sabedoria, buscando a "Verdade que liberta". A isto se chama *Jnana Yoga*.

De um lado, o mau humor, a má ação e o mau conhecimento nos fazem egoístas e sofredores. De outro, o Yoga, como processo integral de divinização do amar, do atuar e do conhecer, é caminho redentor.

Não é exatamente isto o que Cristo ensinou, exemplificando?

Ele insistiu: "Amai a Deus sobre todas as coisas e o próximo como a vós mesmos."

Ele nos prometeu: "Conhecereis a Verdade, e a Verdade vos libertará."

Ele determinou: "Aquilo que quereis que vos façam, fazei vós aos outros."

Ele nos acordou com benditos açoites de Sua Verdade. Desafiou-nos a "tomar a cruz" e segui-lo. Foi-nos exemplo perfeito de discernimento (*viveka*), de desapego (*vairaya*), de devoção-amor (*bhakti*), de ação perfeita (*karman*), de sabedoria (*jnana*), de bravura e resignação (*tapas*), de autoentrega ao Pai (*Ishwarapranidhana*)...

Eis por que peço a Jesus, o Cristo, que me torne como um *shela*, que seja meu divino *Guru*.

Vamos, você e eu, realizar o Yoga que o Cristo sempre foi e jamais deixará de ser?

Vamos pedir aos grandes sábios e santos da Índia que nos elucidem sobre o que ainda não percebemos perfeitamente na imortal mensagem cósmica de Jesus?

Vamos pedir a Jesus, que nos dá amor, nos ajude a entender Krishna, Buda e todos os outros que também ensinaram?

Vamos romper barreiras, e realizar uma vida ecumênica, no bendito redil do Pastor?

Vamos, amigo, aprender e praticar, até chegarmos ao *Nirvana* e podermos dizer: "Eu e o Pai somos Um!"

Pórtico

A CONVERSÃO

Eu sou o Caminho, a Verdade e a Vida.
(Jo 14:16)

A viagem

Não sigas a via do mal! Não cultives a preguiça do espírito! Não corras atrás de idéias falsas! Não sejas dos que se atardam no caminho! (Dhammapada 167)

A VIAGEM TEM DE ser consciente.

Viagem inconsciente é aquela que sai em várias direções, sem conseguir chegar a nenhuma.

É bom lembrar que o tempo é escasso e, perdido, jamais será recuperado.

A viagem tem de ser voluntária.

Voluntária é aquela em que, lucidamente, elegemos e assumimos: o rumo, a meta e o método.

Não há tempo sobrando.

A hora é chegada.

Se você quiser, pode ficar onde está, a perder tempo e a ser colhido pela ruína.

Se você quiser, pode continuar inconsciente, sem rumo, sem rota, sem objetivo, perdendo tempo e perdendo-se no tempo.

Você está parado? Você está andando sem destino certo? Seu caminhar é saindo, afastando-se, alienando-se, desligando-se, exilando-se, excomungando-se? Ou você, tendo se afastado demais, já começou a querer voltar, a religar-se?

É a ignorância que faz multidões, nos campos-fantasmas das ilusões, continuarem estagnadas ou saírem, acicatadas pelo gozo ou pela dor, a se desgastarem em andanças sem caminhos, em trágico e alucinante perambular.

O homem sábio, graças a longas, profundas e decisivas experiências, já elegeu seu rumo, e está irreversivelmente a caminho.

É sábio por saber por que está caminhando. É sábio porque sabe por onde vai. É sábio por saber onde se encontra, por saber o que ainda é e por vislumbrar o que virá a ser. É sábio por, consciente e voluntariamente, caminhar.

Em sua ilusão, o ignorante assim pensa: tenho de aumentar meus bens, melhorar minha posição, conquistar poder, ganhar prestígio... Só assim serei feliz. Em seu estúpido sonhar, sente-se seguro por sua religião, que é a única verdadeira; por seu partido, que é o melhor; por sua ideologia, que é a mais respeitável; por seu time de futebol, que é o campeão... E é assim que estanca, ou aprofunda ainda mais sua identificação com o mundo perecível, que ainda mais o consome e exaure, ainda mais o perde e o prende.

A fascinação do poder, dos haveres, dos afazeres, das crenças que lhe convêm fecha seus olhos e retarda um deslumbrante conhecimento de si mesmo. Suas fragilidades, suas falibilidades, suas inseguranças ficam disfarçadas pelas fugazes vitórias dos instrumentos de seu egoísmo. A miséria existencial continua a existir emboscada e, cedo ou tarde, derrubando os biombos dos engodos, manifesta-se, maltrata, arrasa... trazendo "choro e ranger de dentes".

Você gosta de histórias? Então, lá vai uma:

Vestindo-se para ir dançar, a alma da jovem já era uma festa, antegozando tudo quanto uma festa promete à imaginação e à expectativa dos jovens.

Nenhuma festa, porém, é somente festa, bem como nenhum luto, somente tristezas.

Na festa, a jovem gozou estimulantes alegrias, mas padeceu frustrações dolorosas.

Dançou e sorriu. Foi preterida e chorou. Música e sexo, fumo, drogas e álcool intoxicaram-na, mas não chegaram a disfarçar ou amenizar uma sensação de vazio e inutilidade de tantos decibéis das guitarras, de tantas conversas perversas, de tantos hipócritas e grosseiros galanteios egoísticos.

Para aquela alma sensível, o tédio e as lágrimas acabaram com a *diversão*, e, simultaneamente, fizeram-na lembrar-se de sua casa, tão tranqüila, tão pura, tão repousante, tão querida.

Para ela, acabara a *diversão*, e fez-se a caminho de casa.

Para os outros, a *diversão* continuou, dominando-os, fustigando-os, fatigando-os, fazendo-os esquecer o lar.

Acabei de contar-lhe a história de um despertamento, de uma *conversão*.

O mundo – *samsara,* dizem os budistas – é a festa que *diverte*. Alguns despertam e, enfastiados de *diversão*, *convertem-se*. Os discípulos de Cristo falam de *arrependimento* como condição para "ressurgir dos mortos".

Você ainda se sente feliz na *diversão* ou já sente o libertador apelo da *conversão*?

Conversão é viagem de retorno à "casa".

Diversão é viagem de alienação, quando a casa é deixada e esquecida à distância e, na distância, fica perdida.

Os que se convertem dizem com o Cristo "meu Reino não é deste mundo".

Para um desperto, que é o Reino?

O Reino é a "casa do Pai". É o próprio Deus. O Deus que os *convertidos* procuram reencontrar, e os *divertidos*, que O abandonaram, esqueceram.

Mas, "onde" está o Reino?

Ainda segundo o Cristo, dentro de nós mesmos.

A viagem redentora é na direção de dentro, dentro de nós. Ali se encontra o Senhor, o próprio Brahman, Ser Absoluto, não obstante nossa aparente miséria, nossa aparente imperfeição, nossa aparente pequenez, nossas forças miúdas, nossa reduzida visão.

Yoga

Aquele que se tenha desapegado dos contatos externos encontra a felicidade em Atman; tendo alcançado a união (Yoga) com Brahman desfruta a bem-aventurança eterna. (Bhagavad Gita V: 21)

QUE TEM YOGA com tudo isto?

Yoga é exatamente a viagem dos que, intoxicados de divertimento, acordados pelas abençoadas pancadas das vicissitudes, saudosos da "casa do Pai", já decisivamente convertidos, tornaram-se aspirantes ao Eterno.

Yoga é o *caminho* e o *caminhar* que conduzem a Deus.

Você, ainda estranhando, poderia perguntar: "Como pode uma ginástica fazer tanto?!"

Yoga não é ginástica. Nenhuma ginástica, só, é Yoga. Há uma ginástica muito inteligente chamada Hatha Yoga que ajuda o caminhante, dando-lhe adequadas condições físicas e psicológicas para que vença as obstruções e as fadigas do caminhar. Mas é apenas um aspecto particular de todo um nobre sistema que, alquimicamente, leva a alma a Deus.

É natural que você ainda tenha uma indagação a fazer: Yoga é religião?

É re-ligação, sim. Re-ligação da alma individual com a Alma Universal, do homem finito com o Infinito, do homem imperfeito com a Perfeição, do faminto com o Pão, do sedento com a Água Viva, do alienado com o Reino. Yoga é aproximação do que está longe. Junção do fragmento disperso. Reintegração do que se vê desintegrado. Por isto, é redenção. Yoga é a vitória sobre as trevas – iluminação. Yoga é o rompimento de grilhões de condicionamentos e dependências – libertação. É o reencontro com o Ser-Verdade. É deslumbramento e o alcance da Consciência Total. É fruição da Bem-aventurança. É divinização.

Yoga é esforço, ação e vitória.

É o partir, o caminhar e o chegar.

É esclarecer-se.

É servir.

É amar.

É esclarecer-se, servir e amar até atingir a ansiada "casa". Até Deus.

Enquanto prática, Yoga é método.

Enquanto sumir-se e consumir-se em Deus, é meta.

O *yogui* é aquele que já foi festivamente recebido pelo Pai na "comunhão dos santos", e no acolhedor abraço da

Graça do Pai, que morreu como um *eu* e ressuscitou como Deus.

Yoguin é aquele que, tendo despertado, visto a impermanência e a falência dos valores mundanos, seja cristão, hinduísta, budista, judeu, maometano... está a caminho, pagando o preço dos desafios, das fadigas, das quedas, de todos os sacrifícios, mas sempre avançando, sempre querendo chegar.

Os gurus ensinam

A austera disciplina, a pesquisa do Ser e a auto-entrega a Deus constituem a Kriyá Yoga. Kriyá Yoga atenua as dificuldades da mente causadoras do sofrimento e conduz à união com o Divino. (Yoga Sutra, II: 1-2)

QUANTO MAIS RICO o tesouro, mais árdua sua conquista. Tesouro mais caro do que a imersão feliz em Deus, não há. Por isto, as advertências dos grandes Mestres da humanidade: "estreita é a porta", e o caminho, angustiante; "de mil homens, um se põe a caminho, e de mil caminhantes, chega apenas um"; "é mais fácil um camelo passar pelo buraco de uma agulha...".

Mesmo assim, temos que caminhar: com a esperança a atrair-nos; com o coração sempre sedento; com a mente lúcida e pura afastando as falácias; com as mãos vazias de efêmeros pertences e pretensos valores.

Os mestres do Yoga dão a seus discípulos as armas para a luta, as instruções para a vitória. Aos aspirantes ao Infinito, aos caminhantes, aos *yoguins*, aos devotos não devem faltar *viveka, vairagya* e *mumukshutva.*

Insistem sempre em que dia-a-dia, hora a hora, minuto a minuto, incessantemente, desperto e mesmo até dormindo, aprimorem o *sádhana*, isto é, a disciplina (prática), observando: *swadyaya, tapas* e *ishwarapranidhana.*

Viveka

Viveka é a luz do discernimento, que possibilita ver as coisas como as coisas são, que desmascara aparências, desfaz sofismas, e evita que, sofrendo ou gozando, buscando ou fugindo, sigamos enganados e engajados no mundo.

Não atingem a meta os que confundem: os meios com o Fim; o perecível com o Eterno; o não-ser com o Ser; o finito com o Infinito; os fenômenos com o Nômeno; o mundo *samsara* com o *Nirvana*; Mammon com Deus; o *eu* com Ser; as aparências falazes com a Realidade Última.

Viveka nos esclarece sobre o que, em nós mesmos, é autenticidade ou hipocrisia; o que, na caminhada, é caminho ou desvio; o que é certo ou errado.

Viveka – dando-nos "olhos de ver e ouvidos de ouvir" – é condição inicial e essencial. Sem discernimento espiritual continuaríamos a *diversão* samsárica, e impossível seria a *conversão*, o arrependimento, o enfastiamento diante da frustração... Sem *Viveka*, pensando que buscamos Deus como o Fim, nós O utilizamos como um simples meio de gratificação do *eu*. Sem *Viveka*, o agir no mundo escraviza; o amor não unifica, separa; o saber obscurece; a razão se vende; a caridade corrompe; a humildade apenas humilha; a devoção fanatiza; o desapego cria vínculos; a necessária cultura do corpo se faz narcisismo...

Viveka afasta a venda dos olhos, deslumbra a mente, e ilumina a própria estrada.

Por isto, repetem os Mestres: "Sem *Viveka* impossível é a realização de Deus." Embora já empenhada na luta, na estrada, a alma, sem *Viveka*, pode ainda voltar a sentir saudades do mundo que apenas pretensamente abandonara.

Vairagya

Se você ainda crê que o mundo, com tudo que oferece aos que são do mundo, ainda lhe pode dar felicidade, paz, plenitude, segurança; se ainda se acha fascinado e entregue ao mundo, longe está de poder caminhar no rumo do Eterno. "Ninguém pode, ao mesmo tempo, servir a dois senhores", e dois senhores tão distintos: Deus e Mammon, Nirvana e *samsara*! Aquele que ainda está sujeito e esperançoso, envolvido e preso, sempre desejará voltar, não para o Reino, mas para o mundo que o chama, e ele escuta.

Apego (às coisas, às situações, às pessoas, às ideologias, às seguranças, ao *status*, a aplausos... tão necessários ao *eu*) é carga descomunal atada às costas do pseudocaminhante. E ninguém avança quando demasiadamente carregado. O volume dos objetos do apego impossibilita atravessar a "porta estreita".

Por isto, os Mestres sugerem: "Aliviem-se da carga! *Vairagya!* Renunciem!"

Há renúncias mais fáceis. É bom começar por elas. Outras, mais difíceis, *acontecerão* depois, à medida que o discernimento crescer, à medida que a dor nos amadurecer, e as desilusões nos esclarecerem.

A última e mais difícil renúncia é ao *eu*, ao *eu* tão indispensável aos que, divertidamente, se entretêm no mundo.

A decisiva e real renúncia ao *eu* opera o milagre: os olhos se abrem e conseguem ver que a "porta estreita", a "estrada angustiante", a distância, a fragmentação já não existem e jamais existiram, e que nada existe senão o *Uno-sem-segundo*.

Vairagya, sem *Viveka*, desequilibra, corrompe, destrói. Ela não pode ser prematura. Ai daquele que, pensando ter renunciado ao mundo, por uma série de atitudes e atos externos, continua *ligado* ao mundo. *Vairagya* não pode ser falsa e forçada, pois lhe falta condições de subsistir.

A renúncia é real e irreversível quando a alma desperta e, natural e espontaneamente, não tem mais qualquer desejo pelos valores antigos. Uma jovem mãe não tem qualquer interesse pelas bonecas que tanto amara na sua infância.

Aos que pretendem renunciar, a advertência dos Mestres: "Prudência! Discernimento!"

Não é o traje sacerdotal nem a filiação a um grupo renunciante que significam renúncia. Renúncia de aparência é uma traição àquele que a pratica. É um meio de fazer-se uma imagem e de impressionar outrem...

Passo a passo, de amadurecimento em amadurecimento, de deslumbramento em deslumbramento, de desilusão em desilusão, a alma vai-se desapegando, largando a carga-óbice.

Sem *Vairagya* – insistem os Mestres – a distância continua.

Mumukshutva

Não atinge a meta o caminhante que não aspira a chegar.

Mumukshutva é o anseio pela libertação. É a sede que leva o sedento a buscar a "fonte de água viva", o semivivo a procurar a "Vida", o perdido a buscar o "Caminho", o faminto, o "Pão".

Para o aspirante, nada mais importa, nada mais é querido, nada mais pretendido. Só a libertação o motiva e move.

Àquele que *quer* chegar, nenhum obstáculo o detém, nenhuma fadiga o retém, nenhum gostoso desvio o conquista.

Só o Reino o atrai. E ele sente a *necessidade* de chegar. Para sua sede, de nada valem as águas que encontra. Para sua fome, só o "Pão" é alimento.

Poderes maravilhosos, hierarquia sacerdotal, seguidores, discípulos e sectários, admiração e adoração de incautos, auréola de santidade, coleção de virtudes, renome, aplausos, puros "acréscimos". O que ele *quer*, total e definitivamente, é o "Reino".

Para ele, fácil é *Vairagya*. Distinguindo entre os "acréscimos" e o "Reino", sem esforço, não vê mais valor nos "acréscimos" sedutores e, com decisão, avança invencível e infatigável para o Reino, que se abre para festivamente acolhê-lo.

É por tudo isto que os Mestres repetem: sem *Viveka*, sem *Vairagya*, sem *Mumukshutva*, um cristão não se cristifica, um budista não realiza o budato, um judeu não chega a Jehovah, um maometano não alcança Alah.

Modos e meios

O yoguin desta maneira, com a mente controlada, une-se ao Atman e obtém a paz que culmina em Nirvana, a paz que existe em Mim.
(Bhagavad Gita, VI: 15)

HÁ MODOS DIFERENTES para vencer distâncias na estrada para Deus.

Se o que nos afasta de Deus e nos vincula ao mundo é nosso imperfeito *amar* ou nossa incapacidade para o verdadeiro amor, nosso caminhar deve primordialmente ser um aperfeiçoamento para a universalização e purificação do amor.

Na medida em que aprendermos a perder nosso eu na delícia de um amor cósmico e imaculado, estamos sendo libertados, curados e salvos pelo amor. E isto se chama *Bhakti Yoga*.

Se o que nos prende, nos perturba, nos enfraquece e ofusca é nosso *agir* sem sabedoria e sem amor, teremos de aprimorar nosso trabalho, nossa profissão, nosso comportamento, nosso relacionamento, nossa atuação...

A salvação está em divinizarmos nossos pensamentos, nossos desejos, nossas palavras, nossos atos e omissões, e assim, através da vida prática dentro do mundo, libertar-nos dele.

O agir que liberta é *Karma Yoga.*

Se o que nos separa de Deus é o grosso e pesado biombo da ilusão, que nos faz ignorar Deus (nossa *Essência*) e nos compromete com o *eu* (nossa *existência*), ávido de prazeres e amedrontado diante da dor, temos de aprimorar nosso *saber.*

Vencida a infernal opacidade do biombo, desvelada a Verdade-Realidade, que as aparências não deixavam ver, constatamos, em processo redentor, que "eu e o Pai" não são dois, pois só existe o Pai-Uno.

Jnana Yoga é este reduzir distâncias nas asas mágicas da Luz.

Amando, servindo e *sabendo,* o *yoguin,* intimorato e decisivo, reintegra-se, unifica-se e une-se ao Todo e diz, como São Paulo: "Já não sou *eu.* É o Cristo que vive em mim."

Amar, adorar, trabalhar, servir, estudar, meditar e viver cada instante e onde estiver, uma disciplina *yoguin* é cumprir o *sádhana.*

Sâdhaka é o *yoguin* cumprindo seu papel no mundo, que é valorizar a oportunidade de existir, empregando, consciente e voluntariamente, o "talento" confiado, o dom da *existência,* para reconhecer-se *Essência.* E isto está a seu alcance, e é seu dever. Jesus, Mestre incomparável, recomendou-nos, a todos nós – *sâdhakas* –: "Sede perfeitos como o Pai do Céu é perfeito."

Os meios de que dispõe o *sâdhaka* são: seu *corpo*, sua *sensibilidade*, sua *mente*.

A caminhada é árdua. Os obstáculos são muitos. Os desvios se repetem.

Como pode chegar ao destino um caminhante sem resistência, sem tenacidade, necessitando de conforto, luxúria, repouso, e ócio?!...

O corpo deve ser sadio e forte. Os sentidos, controlados. A mente, pura, ativa, concentrada e harmonizada.

Sem a prática de *Tapas*, disciplina que purifica, e vence conforto, sensualidade e fadiga; sem uma grande dose de resistência contra a dor... que avanços pode o caminhante fazer?!

A sabedoria dos Mestres recomenda: *Tapas!*

A vitória sobre todas as formas de enganos – apetecíveis ou temíveis – e o desvelamento progressivo da Luz-Verdade-Ser-Realidade é um cuidado constante do *sâdhaka*. Onde o Ser-Real? Que é a Verdade?

O afastamento das nuvens que escondem o Sol é uma aspiração e um ato perene do aspirante.

Meditando, contemplando, estudando, perquirindo, buscando, buscando... o *sâdhaka* pratica *Swadyaya*.

Outro meio que abre ao *sâdhaka* as portas do êxito espiritual é o entregar-se a Deus.

Ishwarapranidhana é viver confiante, irreversivelmente rendido, disponível, entregue à Lei, ao Amor e à Sabedoria de Deus.

É o que pode transformar impotência em Onipotência, carência em Plenitude, tristeza em Alegria, limitação em Infinitude.

Amando, servindo e pesquisando, estudando, fortalecendo-se e entregando-se a Deus, o *sâdhaka* avança para a Glória; conquista a Redenção.

Isto é Yoga.

PRECE DO YOGUIN

Senhor, estou aqui para adorar-Te em todas as imagens; nos santos de todas as religiões; em catedrais, sinagogas, capelas, mosteiros, mesquitas, terreiros; em ladainhas, terços, mantras, pujas, missas, rituais e ofícios; em todos os altares; nas florestas, nas praias, nas ruas, nas casas, nas estradas, nos corações, em sorrisos e lágrimas, em todos, em tudo...

Vem ajudar-me, dando pureza, infinitude, eternidade e universalidade a meu amor.

Eis-me aqui Senhor Jesus, Senhor Buda, Maitreya, Senhor Krishna, Sai Baba, Maria de Nazaré, Ramakrishna, Mahoma, São Francisco, Bahá-U-Lláh, Inayat Khan, Sankara, Ramanuja, Ramana, Santa Teresa...

Eis-me aqui todos os Avataras, Rishis, Siddhas, Gurus, Mahatmas, Hierarcas, Santos conhecidos e desconhecidos.

Quero aprender o Amor que liberta.

Aqui estou, Senhor Supremo, para que me ajudes a vencer a frustradora ignorância; a afastar ilusões, enganos e encantos; a afastar-me dos opostos obsedantes; a retirar a venda de meus olhos...

Já não me satisfaz o vulgar conhecer intelectual.

Quero agora vivenciar a Verdade que liberta.

Eis-me aqui, Senhor, como instrumento impessoal. Querendo apenas servir. Lança mão de mim em teu divino agir.

Quero aprender a empreender o Agir que liberta.

Faz de minha mente, meu Deus, o Teu sacrário.

Que Tua Paz a domine. Que Tua Luz a ilumine.

Diviniza, Senhor, minha mente.

Eis-me Senhor.

Tu és eu. Eu sou Tu.

A busca do ser

SWADYAYA

O entendimento, para aquele que o possui, é uma fonte de vida; porém a estultícia é o castigo dos insensatos.

(Pv 16:20)

QUEM SOU EU?

Que sou eu?

Todas as respostas, baseadas na lógica ou num autodiagnóstico comprometido, seja por autopiedade, auto-severidade, autocomplacência, racionalizações, são incapazes, e não válidas.

Quem são ou que são os outros?

Que são as coisas que meus sentidos e minha mente percebem? Até onde são reais as coisas e os fenômenos que vejo e sinto? Até onde são fantasmas? Que têm de realidade os sonhos? Que há de real escondido sob tantos mantos e véus? Como desvendar o que está velado? – são perguntas que fazemos, praticando *swadyaya*.

O *yoguin* está avisado sobre o vínculo que o prende ao mundo de fantasias que parecem reais. Ele sabe que tanto quanto dure sua condição de obcecado, agora por uma ventura, depois por uma desventura, aqui por uma gratificação, ali por uma privação, estará grudado, fatalmente acorrentado ao "vale de lágrimas". Ele sabe que há uma Verdade que liberta, e querendo ele a Libertação, insiste na procura de tal Verdade.

Swadyaya requer a tenacidade de quem "procura a agulha no palheiro", possibilita "arrancar as ervas que o Pai não plantou" e permite colher o trigo – riqueza e pão – sufocado no meio do joio.

Além de persistência, a busca do Ser reclama prudência. *Viveka,* o discernimento, é indispensável. Sem discernir friamente, a pesquisa toma o rumo que lhe interesse, e motivos até inconscientes se impõem. Assim, supondo que buscamos a Verdade que liberta, começamos a buscar a semiverdade que consola, que interessa, que consolida o eu, e reforça o jugo, *samsara.*

Quem, apegado ao que convém, repelindo o que desagrada, temendo o que parece ameaça, pode esperar desvelar a Verdade, o Ser?

O *yoguin* pode praticar *swadyaya* pelo estudo das escrituras, analisando-as pelo "espírito, que vivifica" e não "pela letra que mata"; pelas lições que os Sábios e Mestres têm para dar, eles que são experientes e já cidadãos do Reino; pelas inferências dos raciocínios; pela intuição; pela inspiração; pela meditação; pela auto-análise; e por tornar-se a Verdade.

A pesquisa é incessante. É aqui e agora, pois todos os lugares escondem a Presença Oculta e todos os segundos falam de Seu Silêncio. Cada instante diz da Eternidade. Cada ponto no espaço fala do Infinito.

SEMPRE APRENDIZ, DE TODOS sou discípulo.

Até do degradado, sujo, vagabundo, dormindo na calçada, até com aquele desgraçado irmão aprendo algo. Com ele, aprendo aonde devo não chegar. Aprendo até onde a ignorância pode arrastar uma alma.

Perene aprendiz, a cada instante aprendo alguma coisa. Ao trabalhar, ao passear, ao sofrer, ao gozar, de manhã, à noite, sempre, sempre estou querendo aprender, sempre estou a perguntar: Realidade, onde estás? Que és? Quem sou eu?

A cada coisa peço seu mistério.

De cada aparente, tento sacar Aquilo que esconde.

Mas, quando mais aprendo é quando sentado, sentidos desligados, corpo silente, mergulho dentro do perene aprendiz que sou, tento compreender-me, analisando, buscando entender a linguagem silenciosa, mas infinitamente expressiva do universo interno e profundo que Eu Sou.

◊ ◊ ◊

A prudência aconselha que a busca de um Mestre não deve ser afoita. Hoje, mais do que nunca, é válida a advertência de meu *Guru*: "Acautelai-vos contra falsos profetas." É grande a safra de falsos grão-mestres, falsos iluminados, falsos *swamis*, falsos *yoguins*, falsos médiuns, magos negros, falsas ordens e fraternidades ocultas, falsas religiões... Nunca também foi tão grande a safra de almas ingênuas e crédulas a serem espoliadas em sua fé, em seu amor, em seu desejo de salvação e liberdade.

◊ ◊ ◊

"Não julgueis para não serdes julgados" – teria dito Jesus.

Teria Ele querido reprovar alguém que, por prudência, usando *Viveka*, usando os "olhos de ver", buscasse discernir entre treva e Luz, procurasse não confundir as aparências com a Realidade, os impermanentes com a Eternidade, a personalidade falível com o Ser-Perfeição, os embustes com a Verdade, os meios com o Fim, o caminho com a Meta?!

Quem pode viver sem julgar?

Ando desconfiado de que, em sua Divina Sabedoria, teria Ele dito: "Não condeneis para não serdes condenados."

Se eu estiver errado, é que meu julgamento não conseguiu ser justo e meus olhos não conseguiram ver.

Que Ele me perdoe!

Ainda bem que apenas julguei, mas não ousei condenar.

◊ ◊ ◊

Se a noite é escura e a estrada perigosa, melhor é ir a pé, bem devagarinho, tateando...

◊ ◊ ◊

A água da chuva é límpida e muito pura.

Se parece parda e suja é por causa da poeira que encontra nas ruas.

As verdades de Deus também ficam turvas por causa da impureza que encontram nas mentes dos homens.

◊ ◊ ◊

As potencialidades infinitas do Ser Supremo, que nós somos, não chegam a se manifestar porque nos encontramos condicionados por vícios, posses, afazeres, doutrinas, ideologias, partidos, nações, preconceitos, dogmas e estúpidas vaidades, que, embora nos empobreçam, limitem e façam sofrer, são por nós defendidos como fatores de fugidia segurança.

◊ ◊ ◊

Materialista é aquele que vive como se acreditasse somente na eternidade do efêmero e na essencialidade do que é fútil.

◊ ◊ ◊

Quem quer tornar-se garimpeiro, primeiro deve aprender a distinguir a gema entre o cascalho.

◊ ◊ ◊

Tu que nasceste não te orgulhes.
Não te envaideças como autor de nada.
Não te faças soberbo do pseudo-ser que supões ser.
Tu que nasceste, prepara-te: um dia vais morrer.
Tu que morreste, um dia nascerás.

Tu, que jamais nasceste, tu que nunca morreste, Eterno És e nunca deixarás de Ser. Jamais te alcançarão o berço e o túmulo, estes tirânicos impostores.

Se tu pensas que és *aquilo* que nasceu, teu destino é a morte.

Só quando realizares *Aquilo*, que transcende o nascer, então te libertarás do morrer e Eternidade serás.

◊ ◊ ◊

A viagem durara o dia todo. A janela do ônibus mostrara-me continuamente as paisagens mais diversas. Por ela desfilaram vales com seus rios, encostas de serra com o gado pastando, matas fechadas de verde agressivo, prados planos, rasgos de céu, nuvens multiformes, árvores floridas, árvores secas, ruas, jardins...

Durante aquele dia todo, a janela, passivamente, apenas deixou ver, mas nada viu.

Meus olhos são janelas.

E eu? Que sou?

◊ ◊ ◊

Aqui estamos, nesta existência, neste planeta, para poder atingir a percepção de que "eu e o Pai somos um". Para tanto, a experiência de cada segundo é valiosa. O tempo e a vida nos foram emprestados exatamente para isto.

Ai daqueles que não aproveitam!

Venturosos os que, *aqui* e *agora*, não se olvidam da razão de existir, e procuram perceber, vivenciar, realizar a Unidade.

◊ ◊ ◊

O conflito se dá entre as *ondas*, isto é, na superfície.

O *Mar* mesmo é reino da tranqüilidade. É soberanamente sereno em sua Unidade.

◊ ◊ ◊

No dia em que eu conseguir deixar de ver Antônio, Pedro, Joana, Iracema... e passar a *ver* a *Realidade* que todos somos, a Alma Universal que cada um é e também Eu Sou, só então estarei redimido.

Então poderei ser chamado de iluminado, *yoguin*, santo...

O que mais importa é que nem obscuridade, nem ansiedade, nem remorso, nem aflição, nem medo, nem ódio, nem impureza, nem inquietude, dúvida, angústia, ira... poderão perturbar-me.

Só então – e não antes – eu irei para não mais voltar.

◊ ◊ ◊

Existo por um único motivo – *aprender*.

Não vejo outra razão de meu viver além da lição que ainda me esforço por aprender.

Repeti-a muitas vezes, mas aprendê-la ainda não pude.

Quando realmente aprendê-la, *saberei* que Eu Sou a Realidade Una e Única.

Se eu conseguir *saber*, conseguirei *Ser*. E então, para que *existir*?

Que é a Realidade? Que Sou Eu?

Existirei até vir a saber.

Existirei até conseguir *Ser*.

◊◊◊

Mais inteligente do que frustrar ou recalcar um comportamento indesejável, melhor do que resistir a meu atual modo de ser, a meus desejos inferiores, é parar e pesquisar o que está me movendo; é preferível buscar os motivos eficazes e desconhecidos.

A pesquisa é, no entanto, muito difícil. Escandalizo-me com a esperteza com que eu mesmo arranjo as coisas para iludir-me. Este homem astuto que se embosca dentro de mim faz a sua maior esperteza quando quer convencer-me de que assim procede para defender-me.

◊◊◊

Por trás do que penso ser acha-se oculto o que *Realmente Eu Sou.*

Eu Sou a Paz, a Liberdade, a Consciência, a Beatitude absolutas, e no entanto, *penso* ser conflito, pecado, morte, ignorância e dor.

Eis meu problema.

◊ ◊ ◊

Que é que põe o homem acima da animalidade? Não é o *poder conhecer*?!...

Haverá finalidade mais alta para a existência do que buscar conhecer *Aquilo*, que em nós conhece?!

◊ ◊ ◊

Você já percebeu que o poente não é a morte do Sol, nem a aurora, seu renascimento.

Você já sabe que o Sol apenas se esconde e depois reaparece.

Você sabe que, rodando a Terra, nós, em sua superfície, é que perdemos de vista o Sol, para depois achá-lo de novo.

Vê?

Supor que o Sol morre e renasce é ilusão, erro, engano...

Os iludidos, os enganados não acham o caminho do Reino.

Discernimento espiritual – *Viveka* – é a condição para que, do *fenômeno*, que é aparência, alcancemos o *Nômeno*, que é o Ser-Realidade.

◊◊◊

Por meio das exíguas clarabóias do intelecto só algumas tíbias luzes, pouco profundas e pouco fecundas, podem penetrar.

Se quiseres mais, se quiseres Luz, aquela que redime e de que o Cristo falou, a que Buda e Krishna se referiram, escancara, corajoso, os portões do coração e, pela intuição, bebe o Ser.

◊◊◊

A verdadeira sabedoria não acontece enquanto nos consideramos sábios.

◊◊◊

Se a distância ao Reino de Deus fosse mensurável em quilômetros, já estaria chegando o dia do reencontro... E os cosmonautas seriam os primeiros.

A distância, porém, é outra.
É por isto que os humildes e os mansos chegarão antes.

◊◊◊

O espinho do pecado enterrou-se no meu pé. Ramakrishna, o Santo, deu-me o espinho da virtude para com ele livrar-me do primeiro, e me aconselhou: depois, jogue fora os dois.

◊◊◊

Enquanto os comunistas não se *libertarem* do comunismo, e os capitalistas, do capitalismo, continuarão trágica e estupidamente fratricidas.

◊◊◊

Felizmente, já aprendi a não dizer mais: *estou doente*.
Agora, o que digo é que meu corpo está doente.
Não sendo eu o corpo, jamais adoeço.
Não admito minha morte.
Morrerá o corpo, que eu uso.
O Eterno, que Eu sou, é Imortal.

◊◊◊

Toma juízo, meu irmão.

Não busques confiança, segurança, vantagens, proteção, amparo, força e arrimo em "verdades" que tu e outros, por tantas eras, fossilizastes.

◊ ◊ ◊

Não vejo nenhum mal nas desilusões. Não fossem elas, continuaríamos transviados, afastando-nos da Meta. Até quando? Até onde?...

◊ ◊ ◊

Não insistas, tão bondoso, querendo ensinar-me o que devo pensar.

Se puderes, ajuda-me a *ver*.

◊ ◊ ◊

Só o silêncio pode ensinar-me a Verdade Última. Quando eu a alcançar, só com silêncio poderei comunicá-la.

◊ ◊ ◊

Aos dogmáticos, sempre é bom lembrar: luz não se enjaula.

◊ ◊ ◊

Se ainda nos exasperamos porque não seguem *nossa verdade*, é que ainda estamos muito longe da Verdade.

◊ ◊ ◊

Treva não é simples ausência de luz.
Treva é a ilusão de que já se sabe.

◊ ◊ ◊

Não quero mal àquele que me iludiu.
Lastimo aquele que se deixou iludir – eu mesmo.

◊ ◊ ◊

Como posso achar que isto é uma verdade, sem tê-la eu mesmo vivenciado?!

◊ ◊ ◊

É mais fácil romper os grilhões de ferro de meus pecados do que me livrar do colar diamantino e sedutor que fabriquei com minhas raras, pretensas virtudes.

Ambos são frustrações à minha sede de liberdade, e...

Sem liberdade, como poderei Ver?!...

◊ ◊ ◊

Se é verdade que a Verdade liberta, não o é menos que a Liberdade é que nos dá os "olhos de ver".

◊ ◊ ◊

A Luz que redime nasce da tranqüilidade que o silêncio diz.

◊ ◊ ◊

Na Liberdade, o Santo se realiza.

Na libertinagem, o ignorante se perde.

◊ ◊ ◊

Todos os dicionários deveriam trocar a palavra pecador por uma outra mais justa – ignorante.

◊ ◊ ◊

Quando me surpreendo tentando envaidecer-me, lembro-me de quanto seria ridículo e estúpido uma lâmpada a pavonear-se, supondo-se geradora da luz que deixou escapar, ou uma torneira, orgulhosamente supondo que a água é ela que dá.

◊ ◊ ◊

É mais fácil, com um sopro, furar a parede de um cofre de aço do que fazer uma idéia nova penetrar na mente estreita de um ignorante vaidoso, e que encontra segurança em seus confortadores preconceitos.

◊ ◊ ◊

Quando contemplo o Oriente não posso, ao mesmo tempo, ver o Ocidente. Da mesma forma, se me ocupo em analisar os erros e as falhas, os pecados e as imperfeições dos outros, não tenho condições de ver-me como sou, e, sem autoconhecer-me, não consigo libertar-me.

◊ ◊ ◊

Idéias e crenças são como a água. Se não se renovam, apodrecem.

◊ ◊ ◊

O saber que liberta não ocorre se continuamos a saber somente o que nos agrada e conforta, e a repelir o que põe uma ameaça a nossos preconceitos.

◊ ◊ ◊

Todo aquele que ilude, ilude-se.

◊ ◊ ◊

Se conhecemos onde o *lobo mau* está emboscado e não alertamos *Chapeuzinho Vermelho*, somos coniventes com o lobo.

◊ ◊ ◊

A lógica pode engendrar a mais sublime explicação, a mais convincente justificativa para os atos mais perversos e imundos. Assim, até a mais sórdida bandalheira pode vir a ser tomada como um meio de realização espiritual.

Como confiar tanto na lógica?!...

◊ ◊ ◊

Quem ama Deus, não O define.
Quem O sabe, também não.

◊ ◊ ◊

Sofismas são erros e mentiras com aparência de verdade.
Parábolas são verdades que parecem mentiras.
Só os que têm "olhos de ver" dos primeiros se defendem, enquanto que dos últimos extraem verdade.

◊ ◊ ◊

Deus só é encontrado pelos que ainda não O "encontraram". Quem tem "olhos de ver" que entenda.

◊ ◊ ◊

Para alcançarmos a plenitude temos antes de empobrecer-nos até esvaziar-nos.

◊ ◊ ◊

A libertadora viagem começa aqui e agora. E termina agora e aqui, onde já Eu Sou.

◊ ◊ ◊

Há em cada aurora, um ocaso. Em cada poente, uma alvorada.

◊ ◊ ◊

Caindo, aprendemos a levantar-nos.

◊ ◊ ◊

Cada pessoa que morre me lembra que somos imortais.

◊ ◊ ◊

A maioria anda buscando aquilo que não quer encontrar.

◊ ◊ ◊

Muitos são ateus por amor a Deus.

◊ ◊ ◊

Muitos são teístas por amor a si mesmos.

◊ ◊ ◊

Quase todos os sofrimentos são forjados pelas formas desastrosas e ansiosas com que procuramos não sofrer.

◊ ◊ ◊

As cadeias que nos amarram ao inferno são feitas com a teimosa convicção de que já temos o céu.

◊ ◊ ◊

Asmita é o nome que o Yoga dá ao sentimento do eu. É um obstáculo à realização, ao *sádhana*, ao reencontro redentor, ao Yoga ou união.

Em verdade, é nossa canga, nossa desdita, nosso diabo...

O *yoguin* sabe que somos egoístas na medida em que desconhecemos O que realmente somos. Em outras palavras, a ignorância (*avidya*) é a causa de *asmita*.

Convém-te saber o quanto és egoísta. Faze-te, portanto, uma autognose.

Se houvesse um instrumento chamado *padeçômetro*, que registrasse o nível de padecimento de uma pessoa, seria fácil saber-se seu grau de egoísmo, pois nós sofremos na medida em que nos damos auto-estima, autoveneração, autocomiseração.

Tu te compadeces de ti mesmo?

Mesmo que te desgoste o que acabo de falar e retruques "nada disso, pois eu padeço muito e não sou egoísta", fica sabendo que o que eu disse é verdade.

Tua irritação diante do que foi dito é prova de teu egoísmo. Minhas palavras chegaram a ferir-te por terem atingido algo que muito prezas, que muito incensas, proteges e afagas. Sabes a que me refiro? A teu amado *eu*.

Acertei?

Queres mais evidências sobre teu egoísmo?

Não vives pensando que teu problema é o maior de todos, ou talvez o único? Não te sentes vítima de injustiças, incompreensões, desconsiderações, desprezos...? Não estás ansiando por teu progresso, seja ele material ou espiritual? Tua figura não é a primeira que procuras na fotografia que tiraste junto com um grupo de amigos? Não torces por um time, que julgas o melhor? Teu Deus não é o único? Tua religião não é a melhor? Teu partido político, o maior?...

Continua a te fazer perguntas como estas.

E, se quiseres fazer outro teste de *asmita*, pede a alguém que conte o número de vezes que, numa conversa, buscaste solução para teus problemas, ou ajuda para teu próprio progresso.

◊ ◊ ◊

"Querer é poder" – todos sabem, todos repetem.

Somente raríssimos – os sábios – realizaram que "saber é poder".

◊ ◊ ◊

Se você tem medo é porque tem um *eu*, que quer proteger.

Se sente aversão, ódio, ressentimento, nojo, ira... é porque tem um *eu* que deseja não sofrer, não se aborrecer, não ser atingido pela dor, não ser injustiçado...

Se você tem apegos a pessoas, coisas, posições e doutrinas é porque tem um *eu* necessitado de segurança e prazer.

Se você tem um *eu*, sofre para preservá-lo.

Se você tem um *eu*, é por ele que faz outros sofrerem.

Se você tem um *eu*, é porque a ignorância faz de você um iludido, fazendo supor que o verdadeiro Ser, que você e eu somos, é irreal, ao mesmo tempo que faz crer no *eu* como a mais preciosa realidade.

◊ ◊ ◊

A única doença é *eu*, cuja causa é ignorância, cujas conseqüências são o apego, a aversão e o medo.

Medo se vence com segurança.

Apego se vence com renúncia.

Aversão se vence com amor.

Mas, como pode alguém amar, renunciar e sentir-se seguro, se ainda tem a ilusão do *eu*?

Enquanto ignorarmos o Ser Único, Uno e Real, enquanto acreditarmos no embuste, enquanto não nos esclarecermos, continuaremos doentes da doença chamada *eu*.

Só quem *sabe* o Ser atinge a cura e vence o *eu*, o apego, a aversão e o medo.

Saber é cura.

Busquemos o Ser.

◊ ◊ ◊

Toma cautela com os camelôs. Quantas vezes vendem relógios frágeis, perfumes falsos, objetos que não prestam, mas aparentam prestar.

Acautela-te muito mais ainda contra os camelôs que vendem coisas do espírito. Suas bugigangas causam danos maiores.

Os camelôs do espírito falam bonito, impingindo falácias, apregoando convincentemente suas intrujices.

Dizem-se possuidores de poderes, ou intermediários dos Mestres. Posam de novos mestres. Recorrem a símbolos, títulos autoconferidos, instituem rituais exóticos, cerimonial pomposo mas sem valor. Anunciam-se como os únicos a possuírem as "palavras sagradas", os *mantrans* de poder. Dizem-se capacitados a conceder misteriosas iniciações... Criam ordens místicas espúrias, ou fraternidades só aparentemente austeras...

Cuida-te contra os falsos profetas. Afasta-te dos que de ti se aproximam com um cabresto, querendo lançá-lo em teu pescoço, para te transformar em mais um de seus fanáticos sectários.

Desconfia.

Mantém, amigo, tua independência espiritual.

Ninguém e nenhuma organização religiosa pode fazer o que só tu mesmo deves fazer – vencer a ignorância, o egoísmo, o apego, a aversão e o medo.

◊ ◊ ◊

Procura conhecer-te a ti mesmo.

Precisarás de coragem, isenção e firmeza.

Vais descobrir que és falho, frágil, incompleto, imperfeito, ignorante e mesmo (desculpa!) ignóbil.

Não te enraiveças. Não te abatas. Não te envergonhes. Não te condenes.

De que te serve tudo isto?!

Suporta tudo à fria distância. Assume-te.

Despe a toga de juiz severo, ou a bata do carrasco. Atira fora a tesoura do censor.

Faze-te apenas espectador sereno e lúcido.

Depois disto, quando o que és já não tenha por que se esconder, a redentora desvelação se fará.

Dos escombros do que tens suposto ser, do que gostarias de ser – um dia (e que não seja tarde) – levantar-se-á o que sempre fostes e sempre serás – Eternidade, Infinitude, Paz, Luz, Plenitude, Silêncio, Amor...

Mas...

Primeiro, os escombros.

◊ ◊ ◊

Silêncio, em verdade, não é a ausência de som.

Silêncio é a voz de Deus.

Aprende com ele.

◊ ◊ ◊

Auto-analisa-te.

A cada instante, busca atingir os motivos profundos – não os periféricos – que te fazem agir, sentir, falar, pretender, orar...

Tem muita coragem.

Sê prudente.

Não te deixes iludir.

Desde já, fica sabendo – és tu mesmo, e não os outros, quem melhor te ilude.

◊ ◊ ◊

Estás mesmo em condições para um encontro com a Verdade, esta Verdade que dizes querer?

Ela liberta, mas fere, machuca, ofusca, consome, queima, desconforta, desmorona...

Se algumas pequenas supostas verdades particulares ainda parecem ameaças a teu conforto e à tua segurança, se ainda te incomodam, como podes supor que aspiras mesmo à Verdade?

◊◊◊

A Sabedoria Espiritual transforma desventura em ventura, porque nos transforma.

◊◊◊

Se inibimos a mente, como conhecê-la sem máscara, como até agora tem sido?

Se a largarmos desinibida, desenfreada, até onde nos poderá arrastar?

O Ser que nós Somos – Consciência Absoluta – é Aquilo que pode conhecer a mente e mantê-la quieta.

A Consciência Suprema, Onipotente, em nós, estando além do alcance e da influência da mente, é imóvel e imutável, e nunca a mente a arrastará.

◊◊◊

As trevas não entendem a Luz.

Temem-na por isto mesmo.

Por temê-la, agridem-na.

A vitória, porém, é da Luz, sempre da Luz.

◊ ◊ ◊

Estás vendo aquele desgraçado maluco, carregando apegadamente latas velhas, papéis sujos, caixas vazias, pedaços de pau e tantas prezadas inutilidades?

Ele é expressivo símbolo do sentimento tão comum, tão humano, tão vulgar de "Estas coisas são minhas!".

Tudo aquilo é o que lhe garante a ilusão de que é proprietário. Iludido, às inutilidades ele se apega.

Do alto de nossa soberba, nós o julgamos doido e o achamos ridículo.

Mas, será que, em nossa famigerada normalidade ou sanidade, não fazemos exatamente o mesmo, e sob a tensão do apego, sob a paixão de possuir, estamos ridiculamente vinculados a nossas pseudopropriedades?!...

◊ ◊ ◊

É preciso que eu seja um tanto estúpido para admitir que sou minha roupa. No entanto, passei muito tempo supondo que eu era meu corpo. Dá no mesmo. Como me custou caro tal estultície!...

Confundido com o corpo, quando ele adoecia eu sofria como se a doença fosse em mim. E o pior – tinha medo de morrer, somente porque meu corpo é mortal.

Como a ignorância me fazia sofrer!...

◊ ◊ ◊

Para cada ilusão que criamos, uma desilusão preparamos, uma frustração nos aguarda.

E ainda bem que é assim. Ainda bem que as desilusões nos alcançam...

Se tal antídoto não existisse, se não houvesse tal remédio amargo contra tantas quimeras, que esperanças poderíamos ter de libertar-nos?!...

◊ ◊ ◊

Sapiência é o antídoto contra a estultície, mas também contra a astúcia.

Estultície é inteligência fraca.

Astúcia é inteligência forte, mas poluída pela hipertrofia do *eu*.

◊ ◊ ◊

A diferença entre servir ao mundo e servir-nos do mundo é muito sutil, muito pouco nítida, quase imperceptível para os que não têm "olhos de ver".

"Trata de cultivar *Viveka, ó lanu*", recomenda o *Guru.*

A austera disciplina

TAPAS

Entrai pela porta estreita; porque larga é a porta e espaçosa a estrada que conduz à destruição, e muitos são os que entram por ela; ao passo que é estreita a porta e apertada a estrada que conduz à Vida, e poucos são os que a acham.

(Mt 7:13-14)

SE O CAMINHANTE TEM as pernas frágeis para tão longo e duro caminho, deve fortalecê-las antes de começar a andar.

Quando os Mestres aconselham "pratiquem *tapas*" estão querendo salvar os caminhantes de uma provável derrota.

Eles têm visto muitos que partiram afoitos e foram batidos pelas árduas provas na trilha.

Ela não é para os que cedem às fadigas, aos desconfortos, às ciladas, aos desafios, às barreiras...

A estrada não é para os indisciplinados, para os que amam o conforto, para os entregues aos prazeres sensuais, para dengosos e lânguidos, para mofinos e covardes...

O *yoguin*, praticando *tapas*, queima, no fogo da austeridade, as sementes da impureza. E defende-se de todos os cansaços, desânimos, preguiças, fossos e fossas.

Sem discernimento (*Viveka*), a prática de *tapas* degenera em ascetismo masoquista, em mortificações, em autoagressões que danificaram o corpo e a mente de tantos religiosos do passado.

Tapas é para dar ao corpo higidez, energia, resistência e para prolongar-lhe juventude e vida. Para isto é que a *Hatha Yoga* foi pelos mestres ensinada. *Hatha Yoga* é para aprimorar o corpo como instrumento, mas vaidosos usam-na com fins narcísicos. *Tapas* não é para maltratar o organismo. Não é para desenvolver faquirismo ou doenças mortais.

Entre o sibarita distraído nos prazeres de cama e mesa, corrompendo-se e diluindo as forças, e o asceta masoquista, agredindo o corpo com autoflagelação, *tapas* é o "caminho do meio", do equilíbrio, da dignificação.

Para o *yoguin*, o "corpo é o templo do Espírito Santo". *Tapas* conserta, aprimora e purifica o templo. É obrigação de todo devoto, seja qual for a religião.

Pobre do *yoguin* que teme e detesta a dor. O ignorante desconhece que a dor leciona, retifica, desperta, desafia a crescer, fortalece e liberta.

Diante da dor, o *yoguin* não tenta fugir nem se rebela. Tudo ele faz no sentido de evitá-la, e, atendendo às sábias leis da Natureza, procura minorá-la. Efetivamente, os analgésicos reduzem ou disfarçam a dor superficial. Mas, a dor existencial cósmica (*dukha*)?!... Que pode extingui-la, senão a iluminação?!...

O asceta, praticando *tapas*, aceita a cruz, desde que seja inevitável. E, com a cruz, caminha. Sem protestar. Sem reclamar.

Um grande e invencível heroísmo é indispensável a todo discípulo de Cristo, seguidor de Buda, devoto de Krishna...

O ATLETA GANHOU a prova e a consagração do grande público...

Mas...

Quanto esforço!

Quanta renúncia!

Quanto sacrifício no longo treinamento!

Assim é a conquista do Reino.

Ela requer disciplina árdua, determinação, resistência, pureza, devotamento, invencibilidade...

O asceta é o atleta de Deus!

◊◊◊

A sabedoria está não somente no sempre acertar, mas também no errar, se, quando errarmos, aceitarmos as conseqüências, corrigirmos o erro, aprendermos a lição, e continuarmos vivendo sem dúvidas e sem dívidas, isto é, felizes.

◊◊◊

O aspirante ao Reino não roga a Deus que afaste o sofrimento gerado pelos erros cometidos.

Ele não vê em Deus um oportuno analgésico a seu alcance.

O que ele pede é resistência e sobriedade para agüentar, e também coragem de, sem disfarces, ver a intenção redentora da grande mestra – a Dor.

◊◊◊

O silêncio, a tranqüilidade e a luz lá no alto são prêmios e glórias aos que se arriscaram nas escarpas, feriram-se nas pedras, gastaram-se nas fadigas, que se fortaleceram nas lutas, venceram desânimos e distâncias e mantiveram bem viva a chama da aspiração.

◊◊◊

Quem fica deitado, pode não cair, mas não aprende a andar.

◊◊◊

Desengano desalenta.
Mas liberta.

Vitória fácil, mercadoria de preço vil, aquisição sem mérito... dão para desconfiar...

Mas como atraem os imaturos!...

◊ ◊ ◊

O Reino de Deus é como uma pérola escondida numa concha mergulhada numa fenda abissal, muito longe do alcance e da busca de um mergulhador vulgar, sem fôlego, sem equipamento adequado, sem treinamento, sem disciplina, sem autocontrole, sem a necessária convicção de seu incalculável valor, sem sentir a imensa necessidade de chegar lá.

◊ ◊ ◊

O uso freqüente de analgésicos ilude-nos. Convence-nos de que tudo vai bem.

O uso freqüente de antibióticos ilude-nos. Dá-nos a impressão de que somos resistentes e imunes.

A maior ruína acontece quando nos abrigamos numa fortaleza de alicerces podres.

◊ ◊ ◊

Se o que você está querendo é uma imitação, o vendedor pedirá um preço baixo.

Se quiser a jóia verdadeira, terá de pagar muito mais.

◊ ◊ ◊

Os que se apegam ao efêmero não têm sede de Eternidade.

Os que preferem a fuga evitam a Realidade.

Os que se alcoolizam têm medo da lucidez.

◊ ◊ ◊

Os que necessitam das multidões e temem a solidão vivem com medo de um encontro – o encontro com eles mesmos. Rejeitam-se.

A todos eu diria: tratem de se aceitarem, sem receio, sem restrições... E, na solidão, encontrem a Paz que as multidões jamais podem ter e muito menos dar – a Paz de dentro.

◊ ◊ ◊

Traição dói.

Mas como ensina!...

◊ ◊ ◊

A maior dor nasce de não aceitarmos o irremediável.

◊ ◊ ◊

Deus abençoe aqueles que me causaram as dores que me ensinaram.

◊ ◊ ◊

Tua alma, se tem pureza, é capaz de levar serenidade ao aflito insone, de dar paz ao conflito que inferniza a alma do malvado e até de emprestar perfume ao próprio rosal.

◊ ◊ ◊

Nossos sentidos são gulosos, insaciáveis. Não adianta soltá-los no pasto da sensualidade para que aplaquem sua fome. Eles sempre desejam mais. E quanto mais atendidos, mais ávidos e exigentes se fazem.

◊ ◊ ◊

Não é verdade que renúncia conduza ao céu.
Na verdade, renúncia já é céu.

◊ ◊ ◊

A caminhada para a Luz está sempre ameaçada pelas emboscadas das trevas.

Às vezes, é com o sofrimento que elas procuram dissuadir-nos de caminhar.

Às vezes, ao contrário, é com mil delícias apetecíveis que nos pretendem reter.

É preciso ser forte contra a dor.

É preciso ser renunciante diante do prazer.

◊◊◊

Deixa de vaidades. Não te iludas, meu corpo. Fica certo – e nisto há muita sabedoria –, a bocarra da terra está escancarada, esperando-te, querendo transformar-te em comida de planta.

◊◊◊

Não, amigo, não estou abatido pela ingratidão, pela traição que me fizeram.

Jesus sofreu abandono, injustiças, escárnios, martírio?!...

Por que não um de nós?!

Tu e eu precisamos lembrar-nos daquela história do galo que cantou três vezes.

◊◊◊

Por que o Sol deveria entristecer-se quando os pesados nimbos ou a cerração o ocultam à admiração dos homens?

◊ ◊ ◊

Por que chorar e temer a morte daquilo que é mortal?

◊ ◊ ◊

Felizmente, felicidade não é coisa que os outros nos possam dar.

Felizmente, felicidade é também algo que ninguém nos pode tomar.

◊ ◊ ◊

Se sua felicidade depende de retribuições, admiração, bondade, complacência, compreensão dos outros, é uma felicidade muito infeliz, por ser precária, por não ser auto-suficiente.

◊ ◊ ◊

O amor que você tem a seu *eu* é a causa de sua vulnerabilidade. A Vida nem sempre nos afaga.

◊ ◊ ◊

A ignorância está em:

errar;

frustrar a dor-conseqüência de doer.

Confiar na capacidade de escapar, de esconder-se, de anestesiar-se...

Errar mais.

Esconder-se mais, e mais ainda, iludir-se.

◊ ◊ ◊

Se você tem uma longa e árdua viagem a fazer não se esqueça de preparar o animal que vai transportá-lo.

Por falar nisso, você vem cuidando de seu corpo?!...

◊ ◊ ◊

Se você vai ser honrado com uma visita de pessoa muito nobre, não se esqueça de limpar, arrumar, embelezar, enfim, enobrecer sua casa.

Por falar nisso, que cuidados tem dado a seu corpo?!

◊ ◊ ◊

Um rio não chegaria ao mar se, seduzido pela gostosa paz dos remansos, se deixasse, preguiçoso, estagnar.

Cada remanso é um reconforto, um descanso...

Depois de cada um, o rio se acelera, cai e quebra-se dolorosamente nas penedias, mas sempre no rumo do mar.

◊ ◊ ◊

Não alcança a Vida aquele que ainda tem medo da morte.

◊ ◊ ◊

A fuga é, para os medrosos, pseudo-solução.

Os decididos a vencer têm de enfrentar.

◊ ◊ ◊

O homem medíocre conhece prazer. Felicidade, nunca.

Só o sábio é feliz, pois é feliz até mesmo nos dias de dissabor.

◊ ◊ ◊

Gozo tem seu oposto – o temido sofrer.

Beatitude, bem-aventurança, *Ananda*, não tem oposto.

◊ ◊ ◊

A estrada para o Reino não é asfaltada, fácil, segura e confortável.

Só os fortes avançam.

Só os invencíveis conseguem chegar.

◊ ◊ ◊

Se você ficar aí porque se acha em conforto, segurança, repouso e gozo... esteja certo de que, com o tempo, tudo isto se perde, e virá o desconforto, a insegurança, a fadiga e a dor...

Se você caminhar, também vai padecer, cansar-se, sentir-se só... O caminho é muito árduo.

Pondo-se a caminho, um dia chegará aonde a felicidade é perene.

E se aí ficar?...

Vai ficar ou avançar?

Eis o dilema.

◊ ◊ ◊

Dentro desta tribulação, o que, efetivamente, pode te ajudar?

Lamentos?

Revolta e protestos?

Desespero e desânimo?...

Já experimentaste a resignação corajosa e a lúcida compreensão?...

◊◊◊

O modo único de uma criança manifestar suas necessidades, desconfortos e dores é espernear, gritar.

Os adultos, quando imaturos, fazem o mesmo – reclamam, choramingam, buscando a compaixão dos outros, através de suas insistentes lamúrias.

O aspirante ao Yoga não o faz jamais.

◊◊◊

A dor é diretamente proporcional ao apreço que temos por nós mesmos.

◊◊◊

Certas amarguras é que podem ressaltar o sabor do mel.

◊◊◊

Bonança é repouso após a tempestade.

Bonança é também o tempo de preparar nossas forças e nossas resistências para inevitáveis tempestades que virão.

◊◊◊

As lágrimas purificam os olhos para que possam ver a Sabedoria.

◊◊◊

Faça um esforço e imagine-se dentro de um velho escafandro roto, no fundo de um lago, sentindo toda a angústia de um afogamento imposto pelo equipamento impróprio, semidestruído.

O que mais desejaria, naturalmente, seria desvencilhar-se e subir, rumo ao alívio, à salvação. Não é?!

Que pensaria de alguém, que lhe tem apego, algum amigo, parente, discípulo, amante, "mestre"..., que lhe segurasse as pernas, prendesse seus esforços libertadores e tentasse impedir sua subida?!!!

O corpo de sua velha mãe, a que tanto você ama e do qual tanto recebeu – vida, nutrição, calor, carinho, proteção, aconchego... – é agora um escafandro arruinado, ineficaz e incômodo.

Não a agarre com seu apego, que você supõe ser amor.

Pelo amor que você tem à alma que está deixando o corpo, ore, e, mentalmente, ajude-a a partir.

Liberte-a com seu amor.

◊ ◊ ◊

De agora em diante, ore, não mais para si mesmo, mas para seu próximo, pelos pobres da redondeza, pelo esclarecimento dos malfeitores, pela paz do mundo.

A partir de hoje, passe a oferecer-se a Deus.

São tão poucos os que o fazem, que Ele, com um sorriso de alegria cósmica, lança mão de todo instrumento ou canal que se ofereça para atuar no mundo.

Aos instrumentos-canais, Deus usa, abençoa, inspira, e ampara.

◊ ◊ ◊

Ontem eu fiz o que hoje sou.
Hoje faço o que amanhã serei.
Tal é a lei do *karma*.

◊ ◊ ◊

O jardim dos prazeres, com seu fascínio, e as áridas penedias das terras dos dissabores barram, ao ignorante, o acesso ao Reino.

A alguns, o jardim retarda, distrai e retém.

Outros se deixam dilacerar no abatimento, deixam-se desalentar e vencer. E deles restam escombros.

Os que chegam, não se rendem a sabores ou dissabores, venturas ou desventuras. Não sucumbem diante dos opostos existenciais.

O Reino só está ao alcance dos que são bravos e equânimes.

◊◊◊

Nossos padecimentos nunca andam sós.

Levam consigo um rastro bem triste, feito das lágrimas dos que choram por nós.

Mas, como somos egoístas!

Nessas horas adversas esquecemos a dor neles, e só a sentimos em nós.

Deste erro resulta sofrimento muito maior para todos.

◊◊◊

Beba mel ou fel, o que o sábio assimila é experiência.

◊◊◊

Só os sábios não precisam sofrer para poder aprender. Mas, se são sábios, é porque sofreram antes.

◊ ◊ ◊

Dizia o velho mestre ao discípulo:

– Não te entregues à sedução, meu filho. A flor do precipício é sempre a mais atraente e também a mais fatal. Renuncia a ela, principalmente se ainda não aprendeste a subir pelas escarpas. Renuncia, tu que ainda não sabes dominar o abismo.

◊ ◊ ◊

Tuas lamentações jamais te darão aquilo de que em verdade precisas, nem afastam de ti o que te incomoda. Elas só te enfraquecem.

Larga os queixumes.

◊ ◊ ◊

Não há moeda com apenas uma face.

Por que insistes em olhar somente a face negra?

◊ ◊ ◊

O medo de sofrer atrai a dor.
A autopiedade multiplica-a.
O choramingá-la prolonga-a.

◊ ◊ ◊

Somente dentro d'água profunda é que se aprende a nadar.

◊ ◊ ◊

Quem por medo ou fraqueza se acomoda, pouco se incomoda.

Mas pára.

◊ ◊ ◊

Nossas lágrimas seriam muito menos doídas se não fossem quase sempre geradas por nossos próprios erros e negligências.

◊ ◊ ◊

Se a dor é pagamento de dívida – pague com alegria.

Se purificação – aproveite-a, e fique limpo.

Se uma prova das que Deus oferta ao aspirante à Luz – enfrente-a e, assim, vença as trevas.

Se for um toque de despertar – acorde, abra os olhos; corajosamente *desiluda-se.*

◊ ◊ ◊

Se temos dois ouvidos, é para nos deliciarmos com a presença sonora dos pássaros e para aprendermos a aceitar, sem resmungos, o decibel-tumulto de uma grande cidade. É para escutarmos elogios para não ligar, e críticas para aproveitar.

◊ ◊ ◊

A certeza da morte não me faz medo.

A ela agradeço por evitar-me a ilusão, a estúpida pretensão, de eternizar o fugaz.

◊ ◊ ◊

É preciso ser supersábio para aprender através da dor dos outros.

É preciso ser sábio para aprender de sua própria dor.

É comum, normal, medíocre, vulgar ver na dor apenas o que lamentar e não ver o muito que tem para ensinar.

◊ ◊ ◊

Drogas e comportamento anestésicos frustram a ação educativa da dor. Não deixam a dor dar sua lição.

Sem o aprendizado, o erro se repete, expande-se, pereniza-se...

Se a dor não conseguiu despertar e o arrependimento não se deu, o caminhante insistirá avançando no rumo errado.

Cedo ou tarde, infalivelmente, virão as dores da cobrança.

Elas doem muito mais.

◊◊◊

Sofrimento adiado continua como dívida, e virá a ser cobrado acrescido com juros de mora.

◊◊◊

Enquanto é tempo, aprende o desapego, incauto irmão.

Cada coisa que venhas a perder, cada valor que te arranquem, cada pessoa que se despeça, cada posição que te tomem, deixa que vão.

Que vão sós, sem levar um pedaço do teu coração, sem perturbar tua paz.

◊◊◊

Ergueste altas, sólidas e pesadas muralhas para proteger teu *eu*.

Com elas, pretendes evitar angústias, dores, crises, solidão, saques, transtornos, tristezas, incertezas, tédios, doenças...

A sensatez aconselha que as derrubes.

Agora. Quanto antes.

São elas, as muralhas, as defesas, exatamente elas que te angustiam, te limitam, te prendem, te frustram, te empobrecem, te enfraquecem, te amofinam, te retêm...

Coragem!

Arranja coragem para a demolição de tuas falazes garantias, de tuas pseudofortalezas, de tuas débeis seguranças...

Não há vida espiritual dentro de muralhas.

Sai para o espaço livre. Paga o preço da liberdade, que é insegurança criadora.

◊ ◊ ◊

"Se beber, eu morro. Se não beber, também morro. Logo, vou continuar bebendo" – assim racionaliza o viciado, fazendo deboche das advertências bem intencionadas.

Amigo, o morrer é um "direito" de todos, bebam ou não bebam. Mas não estou falando de morrer. Estou convidando você é para viver. Morte é para qualquer um. Viver, só alguns conseguem. O viciado não vive. Não há vida para quem, tonta e medrosamente, foge. Não há vida para quem é escravo. Não é vida o viver dependente. Um intoxicado não vive, embora ainda respire. Perdeu a alegria, o sabor do viver pleno. A inconsciência provocada frustra a oportunidade de existir.

Largue a bebida.

Liberte-se.

Purifique-se.

Assuma a vida.

Comece a viver!

◊ ◊ ◊

Sem o tormento da fornalha, o minério continua inaproveitado, inútil e impuro.

O fogo o purifica e lhe dá utilidade.

A alma, se não é queimada no fogo das provações, continua imatura e incapaz para a Luz.

Por que lamentar o sofrimento?

Por que tentar anestesiar ou fugir?!

◊ ◊ ◊

Na palheta do Grande Artista não há somente as cores claras.

Ele usa as escuras para dar fundo, contorno, contraste e realce àquelas.

◊ ◊ ◊

Estreito é o caminho.
Longa e áspera, a caminhada.
Vou preparar o animal.
É preciso que resista.
É preciso que me obedeça.
Vou cuidar do animal.

◊ ◊ ◊

Apego é o *eu* sofrendo por querer gozar.

Aversão é o *eu* sofrendo por querer não sofrer.

Medo é o *eu* sofrendo por apegar-se à vida, querendo não morrer.

◊ ◊ ◊

Suicídio parece, mas parece *mesmo*, desapego à vida.

Na verdade, é o *eu* procurando sobreviver, mas, sem sofrer.

Quanta ilusão!...

A causa do sofrimento, que o suicida quer evitar, não é sua vida, mas o próprio *eu*, que, através do suicídio, procura ainda continuar.

Não é o fim da vida que liberta do sofrimento. Mas o fim do *eu*.

A entrega a Deus

ISHWARAPRANIDHANA

Meu alimento é fazer a vontade
Daquele que me enviou.
(Jo 4:34)

QUANDO OS Mestres sugerem *Ishwarapranidhana*, querem dizer ao caminhante "Entregue-se a Deus". Se o caminhante é cristão, ele se dá ao Cristo. Se é hinduísta, dá-se a Ishwara, Krishna, Kali... ou outra expressão bem-aventurada de Deus. Se é budista, entrega-se ao Buda Amida...

Budista, hinduísta, cristão, judeu, maometano, sufi, baha'í, maisdaísta, vedantino... o *yoguin* pauta sua vida pela Vida Divina, procura harmonizar seu comportamento com a lei do Eterno... e seu *mantram*, sua ladainha, seu cântico predileto é "Seja feita a Vossa Vontade".

O devoto, em sua humildade, torna-se sábio e alcança a felicidade, se assim pensa. "Não sou eu, filho distante e perdido, que posso saber o que é melhor para mim. Pode ser uma alegria. Pode ser uma tristeza. Pode ser uma ascensão. Pode ser uma queda. Pode ser um aplauso. Pode ser uma vaia. Pode ser uma satisfação ou uma privação. Vindo de Deus, eu recebo."

Confiar-se a Deus só pode ser conveniente. Ele é Onisciente, portanto sabe o melhor para nós. É Onipotente, portanto nada lhe é impossível. Entregar-nos a Deus é alívio, é paz, é remédio, é solução.

Entregar-se a Deus – *viveka*!, alerta! – pode conduzir-nos à abdicação covarde diante do dever, do que temos de fazer, de nosso *dharma*. Cada ser humano tem um papel a cumprir. É responsável por ele. Tem de prestar contas, se falhar ou negligenciar. O *yoguin* não regateia esforços, ações, palavras. Tudo que pode, ele faz, mas não se perturba se os resultados de seu agir não correspondem. A ação, ele reconhece, é obrigação sua. Os frutos da ação pertencem a Deus.

No seu dia-a-dia, o *yoguin* está aberto ao que vier do Senhor. Quando deseja algo, trata de ser de acordo com o plano de Deus.

O *yoguin* tem fé absoluta na sabedoria e na justiça dos desígnios de Deus. Ele sabe que Deus nos dá na medida em que merecemos e na medida em que precisamos. Sua justiça e sabedoria, digamos Sua benignidade, podem vir na forma de um tormento que, aos "olhos que não vêem", parece até maldade Sua.

Aos que choram abandono, ingratidão, preterição, traição, desastre, falência, doença, queda... os Mestres receitam o mágico remédio que é a humilde e sábia aceitação. Ensinam a dizer: "Entrego-me a Deus, haja o que houver, e, assim, alcanço a Paz."

GRAÇAS A TI, SENHOR.
Tenho uma oferenda para Te dar –
Eu mesmo.
Dando-me, perco-me.
Recebendo-me Tu, eu me salvo.
Dando-me, eu morro.
Recebendo-me Tu, ressuscito.
Dando-me, esvazio-me.
Recebendo-me Tu, preencho-me.
Dando-me, extingo-me.
Recebendo-me Tu, só então Eu Sou.

◊ ◊ ◊

Deus está à sua espera.
Ele tem água para sua sede,
Alimento para sua fome,
Repouso para sua fadiga,
Remédio para sua enfermidade,
Riqueza para sua indigência,
Luz para iluminá-lo,
Paz para seus conflitos,
Resposta para todas as perguntas,
Bálsamo para todas as chagas...
Você tem de retomar o caminho...
Entregue-se a Deus.
Volte para sua casa.

◊◊◊

Entregar-nos a Deus é o melhor dos tratamentos.

Ele sabe o que somos e o que ainda nos falta ser, o que temos e o de que ainda carecemos, o que fazemos e o que ainda devemos fazer, o de que precisamos e o que nos sobeja, o que nos ergue e o que nos derruba, o que sofremos e o que ainda precisamos sofrer... E então nos dá o remédio adequado, na dose exata. Onipotente, nada é impossível a Ele para curar-nos.

Entregar-nos a Deus é a melhor religião.

Ninguém melhor do que Ele sabe o caminho que reconduz à "casa", Ele que é a casa e o caminho. Se precisamos de força, Ele nos dá. Se levamos bagagem em excesso, isto é, nossos apegos, Ele nos tira, embora, em nossa ignorância, nos sintamos às vezes despojados.

◊ ◊ ◊

Se você ainda se lamenta, é que ainda continua crendo mais em sua ignorância arrogante do que na sapiência de Deus. Você ainda, tolamente, acha que só você sabe o que lhe convém.

◊ ◊ ◊

Pratica *Ishwarapranidhana* aquele que, tão humilde como uma criancinha, se dá ao colo materno, entrega-se à vontade sábia de Deus.

◊ ◊ ◊

À noite, quando me deito, não me entrego ao sono.

Entrego-me total e incondicionalmente ao Ser Supremo, para que tome conta de mim.

Quando desperto, faço o mesmo.

◊ ◊ ◊

Quando te sentires exaurido, aflito, preocupado ou deprimido, imita o *yoguin*:

Senta-te, em solidão, fecha a porta dos sentidos, relaxa e mergulha em silêncio para dentro, e bebe a seiva da Fonte Interna, que tu mesmo és.

◊ ◊ ◊

Os heróis dão a vida por uma nobre causa.

Os santos dão o *eu* por Deus.

◊ ◊ ◊

Ensinava o Sábio Yogananda:

"Se plantaste, espera. Confia, com paciência e sem pressa. Não arranques a semente todos os dias para ver se já está nascendo."

◊ ◊ ◊

Esta dor pode ser – e deve ser – o único remédio oportuno, a melhor solução – Deus é que sabe.

Aceito-a.

E ofereço-Lhe minha aceitação.

◊ ◊ ◊

A maior intrepidez é precisa quando, reinando o silêncio, escutamos o convite para o decisivo mergulho na plenitude vazia de nós mesmos, onde reina Deus.

◊ ◊ ◊

O homem não encontrará Deus enquanto não deixar de nadar, para então deixar-se afogar na profundidade que Deus É.

◊ ◊ ◊

Se quiseres reunir o tudo e o Todo, o imanente e o Transcendente, o temporal e o Eterno, o relativo e o Absoluto, o finito e o Infinito, o nome e o Inominável numa única palavra, ajoelha-te, aquieta-te, acalma-te, concentra-te e balbucia com o coração: Deus, Deus, Deus...

◊ ◊ ◊

É só você entregar-se totalmente a Deus e... pronto! – termina toda ansiedade.

◊ ◊ ◊

Ainda terás muitos sofrimentos, mas todos serão necessários e úteis.

Por que necessários e úteis – não temos como saber. O Onisciente sabe. E isto basta.

O que nos cabe é ficarmos serenos e humildes, com paciência e resignação, sacrificando a dor, aproveitando-a para oferecê-la como oblação.

◊ ◊ ◊

Quem ainda se entristece com as supostas venturas e pseudovitórias dos perversos é que ainda não tem humildade no julgar seus próprios julgamentos, e ainda desconfia da justiça de Deus.

◊ ◊ ◊

Na Lei de Deus não há injustiça, portanto, este sofrimento só aparentemente é injusto, só ilusoriamente é desnecessário, só ilusoriamente é sofrimento.

Será que o que estás pedindo tão sofregamente a Deus é o que mais te convém?

É, efetivamente, o que te falta para seres feliz?

É justo?

É sábio?

Queres fazer uma experiência?!

Deixa de pedir.
Pára por uns instantes.
Entrega-te a Ele.
Deixa que Ele decida.
Dize assim:
"Seja feita a Vossa Vontade."

◊ ◊ ◊

Deus quer manejar nossas vidas e conduzir-nos aos planos de beatitude.

Nós é que não permitimos.

Fazemo-nos duros, impenetráveis, pesados, inflexíveis, orgulhosos, iludidos por uma suposta auto-suficiência...

Se queremos paz, felicidade, segurança, invencibilidade... temos de mudar.

Façamo-nos instrumentos dóceis, maleáveis, manobráveis, humildes, entregues à Sábia Vontade.

Paremos, por uns segundos, paremos nosso condicionado pensar, e seremos invadidos por sua Infinita Verdade.

Sustemos, por instantes, nosso egoístico amar, e então conheceremos a própria essência do Amor.

Aquietemos nosso vulgar fazer, e permitamos que Ele atue... E, em nós, Ele se fará.

Que o silêncio faça calar nossa canção. E Ele cantará.

Afastemos anseios, dúvidas, pretensões, reivindicações, queixumes, buscas, inquietações... E Ele, que é Paz, reinará.

◊◊◊

"Eis aqui a serva do Senhor: cumpra-se em mim segundo a tua palavra", disse Maria ao anjo.

Que nossa alma diga o mesmo.

E nela também um filho nascerá – o Cristo Cósmico.

◊◊◊

"Seja feita a Vossa Vontade"...

A fé redimindo...

A humildade santificando...

A sabedoria acontecendo.

◊◊◊

"Bendito o que vem em nome do Senhor", mesmo que seja dor.

◊◊◊

A "porta estreita" não cede aos pretensiosos esforços egoístas daquele que quer entrar.

O único modo de passar é minguar.

◊ ◊ ◊

Para cada passo que damos na direção de Deus, Ele dá dez em nossa direção.

Assim é a graça divina.

◊ ◊ ◊

Providencie diligentemente, mas se dê à e confie na Providência.

O amor que liberta

BHAKTI YOGA

Amarás o Senhor teu Deus de todo teu coração, e de toda a tua alma, e de todo o teu pensamento. Este é o primeiro mandamento. E o segundo, semelhante a este, é: Amarás o teu próximo como a ti mesmo. Destes dois mandamentos depende toda lei dos profetas.

(Mt 22:37-39)

CHAMA-SE *BHAKTI YOGA* a conquista do Reino através da adoração e do amor.

Bhakta é o devoto, que, na adoração de uma imagem, de uma expressão sensível de Deus – Cristo, Buda, Krishna, Sai Baba, Kali, a Virgem... – se extasia.

O devoto goza a mais intensa felicidade quando abrasado no amor Divino.

É amando e adorando que se esquece do eu, se esquece de tudo, e exulta, bem-aventurado, consumido, arrebatado de gozo.

O Amor reduz a distância.

A Adoração unifica o devoto com o objeto de sua devoção.

Humilde e amoroso, o *bhakta* vê Deus como Pai, Mãe, Amante, Filho, Amigo...

Quando ora, sua prece é declaração de amor.

Ele medita e, meditando, busca o Amado.

Só o *bhakta* sabe amar tudo e todos e, amando tudo e todos, ama o Todo.

Bhakti é amor irrestrito de doação total. Nada pede. Nada espera. Nada reclama. Não aspira à reciprocidade, nem mesmo ao gozo intenso resultante do intenso amar.

Os Mestres alertam o *bhakta* quanto aos desvios e a que desequilíbrio a devoção pode levá-lo.

Se faltar *Viveka*, isto é, sem discernimento, o *bhakta* corre o risco de resvalar para o fanatismo.

O fanático não admite outra expressão da Divindade que não seja aquela que ele adora. Devotos fanáticos têm ensangüentado campos de batalha em suspeitas "guerras santas".

Enquanto o fanatismo cega, o discernimento ilumina.

A *Bhakti Yoga* pode corromper-se por fazer beatos inoperantes e indiferentes aos dramas de seu mundo, total e egoisticamente entregues às delícias da adoração, ao fervor dos rituais.

Um verdadeiro *bhakta* torna oração seu servir. Ama o Deus dos homens servindo aos homens de Deus, seus irmãos.

O *bhakta* ama todas as expressões da vida que o circunda, pois tudo que vive e a própria Vida são Deus; mas onde mais O adora é no altar de seu limpo, bom e ardente coração devoto.

SENHOR SUPREMO, Tu és Infinito.

Como pode minha mente finita alcançar-Te?!

És a mais refinada abstração.

Como, vivendo eu no concreto e sendo concreto, posso conceber-Te?!

Como posso amar-Te, incapaz que sou de alcançar-Te, de entender-Te?!

Apesar de tudo, preciso de amar e adorar meu Senhor.

Preciso de amar-Te, Supremo Amor, como preciso de respirar.

Ensina-me como!

Ajuda a dulcificar meu viver, ensinando-me como posso amar-Te.

De Teus mil nomes, qual o que preferes?

Aceita minha intenção de adorar-Te, e ajuda-me.

Um dia, mais próximo do Infinito, do Abstrato, de Tu mesmo, encontrarei meu Ser, que és Tu.

Mas, até lá, só me resta fazer o que não sei ainda – amar-Te, meu Deus.

◊ ◊ ◊

Deus, ensina-me a renunciar a tudo aquilo que não pára de fluir, isto é, a tudo.

Ensina-me a não me apegar ao que penso que sou, ao que suponho ter, ao que imagino fazer.

Ensina-me a ver, em serena aceitação, a impermanência de tudo que a insensatez considera eterno.

Dá-me a bravura de rejeitar a atração de todos os engodos, a traição dos caminhos mais largos, a falácia das gratificações a meu alcance, a fragilidade dos falsos poderes que posso conquistar, o apelo depravante da vida irresponsável.

Arma-me a resistência, para que possa guardar minha sede até chegar à "fonte viva", que és Tu.

Ajuda-me a suportar o cansaço, até que atinja o lugar de repouso – Tua casa.

Permite que eu vença as sombras enquanto, distante ainda, a caminho da Luz, a Luz que És.

Fala bem alto dizendo que És Meu Pai, pois ainda a orfandade é fantasma que me assusta.

Pai, ensina-me a vencer a distância, a carência, a mutilação, a alienação, o esquecimento, todas as imperfeições, o embuste do *ego*, todos os limites, até que consiga Ser o que Eu Sou: Tu.

◊ ◊ ◊

Bom dia, meu Deus.

Acordo e tenho-Te diante de mim, dentro de mim, sob e sobre mim, circundando-me, inspirando-me, nutrindo-me, mantendo-me...

A noite amorosa e tranqüila cessou.

O mistério do sono envolvera-me. Nele perdera-me.

Perdera-Te?!

Acho que não.

Não acredito em mim e em nada sem Ti.

Mas, onde andei? Que fui, durante o gostoso apagamento do sono?!

Sono profundo, tônico, sono bom, libertador sono feliz, reconfortante...

Creio que o sono também és Tu...

Responde, Senhor, estou certo?!

◊ ◊ ◊

Como é vazio e triste o minuto em que fico esquecido de Ti, Suprema Beatitude!

◊ ◊ ◊

Oh! Ser Supremo, Suprema Consciência, Beatitude Absoluta, desvela meus olhos bloqueados pela catarata da ignorância.

Limpa de meu coração o egoísmo que me faz sofredor.

◊ ◊ ◊

Desculpa, Amor Divino.

Quando mais intenso era o sofrimento, no foco do temporal, minha alma se comportou tão mesquinha!...

Perdoa.

Neguei-me então a reconhecer Tua presença em minhas lágrimas e no fundo das chagas que em minhas costas abriram.

Não consegui ver que aquela dor era *minha*. Tão minha como meus próprios membros.

Recusei aquela dor, não vendo que me era tão necessária, que era a prova que Tu me davas para que minha alma amadurecesse.

Agora que sarei e as chagas já não existem, eu Te rogo: Perdoa, Senhor Supremo!

Da próxima vez, mais sensato, saberei entender, aceitar o sofrimento.

Da próxima vez, a dor vai ser aproveitada, e nela eu me engrandecerei.

◊◊◊

Obrigado, Pai Divino, pelo crepúsculo de ontem. Tão colorido, tão dourado, grandioso, inspirador e tépido.

Obrigado, muito obrigado, meu Deus, por este frio, cinzento e pesado entardecer chuvoso, de beleza solene, tão inspirador.

Com toda intensidade de minha alma, com a mais profunda veemência, eu Te agradeço por Tua presença magnânima em todos os crepúsculos.

◊◊◊

É mais um dia que Deus me concede para que eu o aproveite, me dedique, e chegue para mais perto Dele.

Bom dia, Senhor.

Hoje, mais do que ontem, dá uma ajudinha.

Ajuda a este caminhante, tão desejoso de chegar, tão necessitado de Tua ajuda.

◊◊◊

Não há mal que Teu nome não vença.
Não há doença que não cure.
Não há distância que Teu nome não encurte.
Ensina-me, Senhor, a pronunciá-lo.

◊ ◊ ◊

Aceito Teu amoroso convite.
Há tantos milênios por ele esperava.
Irei, Bem-aventurado, a Teu Banquete de Paz e Luz.
Mas, além de mim, Senhor, os famintos são muitos. Incontáveis multidões.
E eu gostaria de levar todos comigo.
Consentes, Senhor?
Permites que eu entre em Tua casa de Glória levando-os comigo?
Tua Paz e Tua Luz dão para todos. Não é?
Receber-nos-ás, Divino Amor?

◊ ◊ ◊

Ensina-me, Senhor, a não mais ver outro no outro.
Ensina-me a ver-me eu mesmo nele, e vê-lo em mim.
Faze-me ver, Pai Divino, que ele é eu, e eu, ele.
Ensina-me, por fim, que não existe outro nem existo eu, e sim que Tu És, e que somos também em Ti, a Suprema Beatitude que não cessa.

PRECE DO BHAKTA

Sou ovelha desgarrada. Vem, meu Pastor, achar-me.

Sou filho retornando ao Lar. Concede-me a graça de receber-me, meu Pai.

Sou frágil criança perdida na multidão. Vem, Mãe Divina, apanhar-me.

Sou vazio. Vem, Plenitude, preencher-me.

Sou pobre. Vem, Riqueza Pura, enriquecer-me.

Sou peregrino buscando o perdido rumo, na treva e na distância. Vem, Luz, dar-me a direção.

Andando estou há muitos milênios, trazendo em mim a ânsia por chegar. Mas as forças já não são tantas... Vem, Alento, reerguer-me.

Pai, Mãe, Amor, Alento e Luz sinto sua ausência. Teu silêncio dói. Tua distância angustia.

Concede-me Tua graça.

Desvela-Te.

Faze-Te presença a meus olhos, ainda na penumbra.

Faze-Te canção a meus ouvidos vazios.

Amor Divino, nutre meu coração necessitado.

Paz Infinita, afasta meus conflitos e embates

Sabedoria Absoluta, ilumina-me.

Água viva, dessedenta-me.

Porta, abre-te.

Dolorida ausência, faze-te Presença.

Deus, liberta-me. Salva-me...

Deus, ensina-me a verdadeira devoção.

Mostra-Te a mim em tudo.

Aparece-me como o Todo.

Corrige meu humano amor, ainda mesquinho, ainda apegado, ainda limitado, ainda míope.

Pai, Mãe, Amor... perdoa meu imperfeito amar.

Torna-me um bem-aventurado devoto.

A ação que liberta

KARMA YOGA

Assim também a fé, se não tiver obras,
é a morte em si mesma.
(Tg 2:17)

SERES HUMANOS ativos, empreendedores, atuantes no meio, se divinizarem suas ações, no serviço que prestarem, encontrarão a Paz.

A divinização do agir é o que se chama *Karma Yoga.*

O *karma yoguin* é o atuante lúcido, dentro do dinamismo universal do qual faz parte.

Ele sabe que, segundo a Lei do Karma, nenhuma de suas ações, omissões e expressões deixa de semear causas que se farão colheitas no futuro. Sabe que o hoje colhe o ontem e semeia o amanhã. Bem e mal, infalivelmente, determinarão suas conseqüências. Quem é bom colherá o bem. Quem é mau, o mal.

Ciente da lei justa, o *yoguin,* sem reclamar, sem relutar, assume as conseqüências dolorosas de dívidas antigas. Ciente da lei justa, como que confecciona seu amanhã, comportando-se convenientemente hoje.

O *yoguin* ama e serve seus semelhantes, porque os outros e ele também são manifestações concretas do mesmo Abstrato, são expressões imperfeitas da Perfeição Una.

A ação perfeita liberta o *yoguin* porque, tendo ele superado a separatividade, não vendo ele e os outros separados, não vendo Deus perdido nas distâncias que a ilusão tece, não cria méritos ou deméritos, créditos ou dívidas ao agir, pois já não há um *eu* desejoso por colher frutos bons das ações boas, ou temeroso dos frutos amargos das más ações.

Quando o *yoguin* age, não credita a si mesmo os resultados da ação. Credita-os a Deus, pois que se reconhece mero instrumento nas mãos cósmicas do Senhor. Deus é o agente. Ele, a ferramenta. Tudo quanto o *yoguin* faz, oferta a Deus e, por isto mesmo, só faz o que possa transformar em oblação.

Se o *yoguin* não melhorar sua percepção da Realidade, isto é, se não usar *Viveka*, pode perder-se na viagem.

Ele precisa ficar alerta para evitar que a ação redentora venha tornar-se a caridade comum, ou seja, a compra de ingressos para o céu, mediante a ajuda aos necessitados.

Sem discernimento, o *yoguin* pode, tangido pelo ardor de servir, vir a exaurir-se no trabalho e a adoecer ou desequilibrar-se.

Sem discernimento, o *yoguin* imprudente, pensando que está atuando no interesse de Deus, está tentando faturar para o eu. E isto é funesto ao caminhante.

Sem amor não há *Karma Yoga*. É o amor que falta na caridade vulgar dos "chás de caridade".

Enquanto amamos quem servimos, negligenciamos possíveis desejosos de promoção ou afirmação pessoal.

O *yoguin* ama servir e serve amando, e por isto é feliz.

O EGOÍSTA AGE em proveito de si mesmo.
O altruísta, para a humanidade.
O *yoguin* não age.
É Deus que, através dele, atua.
Assim é que, sem criar méritos ou deméritos, liberta-se.

◊◊◊

Enquanto estamos com a mente tomada por *nossos* problemas, *nossas* frustrações, *nossas* esperanças, *nossos* estresses, *nossos* desesperos, *nossas* quedas e vitórias, *nossas* ilusões e desenganos, *nossos* lucros e prejuízos, *nossos* remorsos e ressentimentos, *nossas* alegrias e tristezas, *nossos* projetos e fracassos, *nossos* erros e acertos, *nossas* crenças confortadoras, *nossos* risos, *nossos* prantos, *nossos* pertences, *nossas* euforias e disforias, *nossa* paz e *nosso* tormento, *nossa* salvação, libertação ou iluminação... estamos ligados em *nós mesmos*, programando para *nós mesmos*.

Enquanto ficarmos cegos para os que sofrem, insensíveis aos gemidos dos que precisam, indiferentes para com o próximo que salvaríamos, se começássemos a trabalhar; enquanto houver um *ego* a faturar, a querer crescer, a melhorar, a fortalecer-se, a enriquecer-se, a promover-se e mesmo a aspirar *para si* a santificação – a libertação não se dará.

O *ego* tem sido o impostor a receber as homenagens, os agradecimentos, os valores, a atenção, a adoração.

Deus, o Ser Divino, Rei destronado, continua esquecido, desconhecido, negado, preterido, marginalizado.

Enquanto durar o reinado do impostor, e o Rei continuar no exílio, a vida será frustrada, pobre, limitada, vazia, embora até chegue a ser, para alguns, divertida.

Viva a revolução que restaurará o Rei.

◊ ◊ ◊

Deus continua fazendo o mundo em sete dias, que ainda não terminaram.

Quem o diz é quem entende:

"Meu Pai trabalha até hoje, e eu trabalho também."

Por falar nisto, amigo, você que está desejoso de retornar à casa do Pai, que tem feito, que tem realizado, que tem construído?

Você pode acompanhar o Cristo quando Ele diz "eu trabalho também"?!

◊ ◊ ◊

"Dar aos pobres é emprestar a Deus" – eis a fórmula, o *slogan*, a propaganda mais generalizada de um investimento comercial, de uma barganha com as coisas divinas, na qual os mais explorados são exatamente aqueles que, na aparência, são alvos de generosidade – os pobres.

Mas os pobres não saem perdendo.

Quem realmente perde é o investidor egoísta, que se ilude, que se envaidece, que se acredita credor de Deus.

◊ ◊ ◊

Se *eu* fizer, "caridade" visando ser salvo e ir para o céu...

Quem está desejando ser salvo?

Quem está comprando um ingresso no céu?

A resposta só pode ser – *eu*.

Com tal "caridade", em proveito do *eu*, continuarei nutrindo, engrandecendo, firmando, afirmando, fortalecendo aquilo que me tem frustrado, parasitado, iludido, prendido, reduzido... exatamente – o *eu*.

Carregando o fardo do *eu*, ninguém se liberta, ninguém se ilumina, ninguém avança no rumo da Paz.

◊◊◊

Não estrague a alegria de dar com a egoística expectativa de receber.

◊◊◊

Dar, visando a retribuição, é causa de muitas tristezas.

Dar depende de nós.

Receber depende somente dos outros.

Os outros podem retribuir ou não.

Se ficamos revoltados com a ingratidão dos outros, nunca encontraremos a verdadeira felicidade no ato de dar.

◊◊◊

O homem vulgar evita o mal, e chega a fazer o bem, na expectativa de lucrar.

Usa a lei do *karma* para crescer e melhorar.

O malvado, ignorante da Lei, compraz-se em fazer o mal, sem saber as conseqüências amargas, sem saber que acumula dívidas a serem infalivelmente cobradas.

O homem medíocre evita fazer o mal e até chega a fazer o bem, pois, sabendo da infalibilidade da Lei, visa ganhar méritos.

O *yoguin*, consciente da Lei, não faz dívidas e nem investe, pois nada teme e a nada aspira para si. Não faz dívida nem acumula crédito, pois mentalmente, renunciando ao *eu*, reconhece-se como um simples instrumento passivo nas mãos de Deus.

◊ ◊ ◊

A amargura de hoje é colheita das sementes ruins que ontem semeamos.

◊ ◊ ◊

O bem-estar presente é o salário do bem que outrora fizemos.

◊ ◊ ◊

Daqui a pouco, ou daqui a muito tempo, seremos colhidos no sofrimento ou colheremos venturas. Isto depende do que, no momento, fazemos.

◊ ◊ ◊

Ontem, fizemos o hoje.

Hoje, construímos o amanhã.

Nada podemos fazer em relação ao que já foi feito, a não ser receber as conseqüências. Mas o *yoguin* sabe escolher a ação presente, tanto que, depois, possa caminhar ainda mais.

◊ ◊ ◊

Não adianta buscar esconderijo contra a ação corretiva do sofrimento. A reparação é certa. Diante disto, o melhor a fazer é aprender. É arrepender-se. É evitar fazer o mal.

◊ ◊ ◊

A Vida-Una investiu em nós.

Temos de fazer render os talentos.

A ela, não só os talentos, mas todos os dividendos produzidos.

◊ ◊ ◊

A convivência com os demais pode enriquecer-nos ou despojar-nos, libertar-nos ou comprometer-nos, fazer-nos felizes ou desditados...

É a vivência com a profundidade de nós mesmos a garantia do bom rendimento em nossa convivência.

Interiorização, reflexão, concentração, meditação, contemplação, diariamente praticados, asseguram ao serviço que prestamos as condições santificantes – amor e sabedoria.

◊◊◊

Convivência sem vivência – o que mais se vê – é agitação.

Convivência com vivência – tão pouco freqüente – é ação.

E ação liberta, enquanto agitação desgasta e prende.

◊◊◊

O *yoguin* prefere sempre o "caminho do meio" – entre a inação e a agitação, entre o quietismo e o ativismo, entre a contemplação interior e o engajamento no mundo. Realiza ele a "ação na inação e a inação na ação".

Olhos imaturos só vêem ócio no *yoguin* que, parado, na solidão, medita. Em sua aparente inação, porém, fecundo é seu dinamismo. Um giroscópio, quando é maior a velocidade em que gira, mais parece parado. A visível inércia do meditante esconde o que se passa no Espírito que vibra em planos sutis. Nele, não há ócio.

Quando "olhos que não vêem" supõem que o *yoguin* está empenhado, supõem erroneamente, pois seu agir, embora fértil e incansável, pela ausência de apego e ansiedade pelos frutos da ação, vale como o não agir.

O homem vulgar, não obstante sentado, ou deitado, olhos fechados, aparentemente repousando, encontra-se em febril atividade. Sua mente é campo de batalha ou palco de conflitos. Nela há remorsos e preocupações, planejamentos e reminiscências, dívidas e dúvidas. O homem ativo vulgar, envolvido e condicionado, jamais goza instantes de ócio. Os negócios não permitem.

◊◊◊

A religiosidade do "homem velho" é manchada de egoísmo. Chega mesmo a ser funesta.

Um pseudo-religioso assim dizia:

"Graças a ti, meu Deus, os fiscais não chegaram a descobrir que ando roubando no peso."

◊◊◊

A porta é estreita demais.
Devo reduzir minha bagagem.
Mesmo reduzida, não passa.
Vou renunciar.

◊ ◊ ◊

Como um *eu*, suponho que posso e possuo, e, na verdade, sou impotente e pobre.

Como Deus, em Realidade, sou o próprio Poder e a verdadeira Opulência.

◊ ◊ ◊

Auto-humilhação tem sido a causa de muitas vidas arrasadas através do "eficiente" mecanismo da auto-sugestão negativa.

◊ ◊ ◊

Todas as religiões recomendam a humildade, pois a alma soberba é volumosa e não passa pela "porta estreita", e é muito pesada para ser carregada.

Vaidade e orgulho, soberba e presunção não esbarram somente na porta do céu. Também dificultam ou impossibilitam o conviver em harmonia. Criam óbices e atritos. Despertam animosidade.

Ninguém gosta do arrogante e soberbo, que, com olhares, gestos e palavras, agride dizendo: "Eu sou melhor e tenho mais."

Humilhação é um fruto certo de todo orgulho.

◊ ◊ ◊

"Procurai sentar-vos nos últimos lugares", ensina o Guru de todos nós.

Quem é suficientemente poderoso para impor humilhação a quem já é humilde?!...

◊ ◊ ◊

A humildade imatura diz: "Eu sou um mísero pecador, incapaz, indigno, impuro..."

A humildação, que é humildade sábia e santa, diz: "Já não vivo. É o Cristo que vive em mim... É preciso que Ele cresça e *eu* diminua"...

◊ ◊ ◊

Você sabe o que é *humildar-se*?

Humildar-se quer dizer reduzir a causa única não só do orgulho e da vaidade, mas de todos os demais "pecados". É a redução do *eu*, que se separou do Uno-Todo e que luta para ser melhor e mais poderoso, mais belo e sábio, mais perfeito e mais rico que os outros.

Humildar-nos é o que nos leva à verdadeira e sábia humildade.

Humildade vulgar é imatura e nefasta porque degenera em humilhação.

◊ ◊ ◊

O Pai gosta de ver os filhos humildados, e sofre quando os vê humilhados.

◊ ◊ ◊

Humildação diviniza, pois, na medida em que o *eu* míngua, Deus cresce.

Humilhação, enquanto fere o *eu*, desafia-o a crescer ou o atira no fosso do padecimento.

PRECE DO KARMA YOGUIN

Pai, já compreendi que, enquanto pensar que acumulo méritos cada vez que ajudo alguém, estou enganado, e em vez de servir-Te, estou me servindo, eu que aspiro a recompensas.

Pai, ajuda-me sempre a lembrar-me de que a mim cabe o esforço, mas que não tenho direito aos frutos da ação.

Ensina-me, Pai, a aceitar os resultados, mesmo os mais adversos e aparentemente inaceitáveis resultados de minhas ações.

Ensina-me a não mais dizer minhas ações.

Sou apenas um instrumento em Tuas mãos cósmicas. Aciona-me.

Nenhum instrumento age. A ação é de Quem o manuseia.

Perdoa as imperfeições do instrumento que eu tenho sido.

Perdoa algumas vezes que me envaideci de atos que Tu, utilizando-me, executaste.

Ajuda-me a ficar indiferente a elogios, agradecimentos, recompensas... que, como instrumento, não me são devidos.

Pai, estou contra Tua Lei quando recebo proventos de meu trabalho profissional?!

Tu bem sabes, meu Deus, que mesmo quando busco servir profissionalmente, estou ligado com a Fonte Alimentadora, que És Tu.

Utiliza-me. Empresta-me Tua Luz e Tua Força.

A sabedoria que liberta

JNANA YOGA

E sabereis a Verdade, e a Verdade vos libertará.
(Jo 8:32)

A ALIENANTE ignorância diz: Deus é Divino, e eu, humano; Deus é Perfeição, e eu, pecado; Deus é Luz, e eu, sombra; Deus é Liberdade, e eu, servidão; Deus é Paz, e eu, conflito; Deus é Unidade, e eu, pedacinhos desarmônicos; Deus é Bem-aventurança, e eu, sofrimento; Deus é Opulência, e eu, pobreza; Deus é Plenitude, e eu, vazio... Deus é grande demais. Deus está infinitamente fora de meu alcance.

Os que assim pensam, concluem: Continuarei humano, pecador, sem luz, sem liberdade, sem paz, desintegrado, sofredor, vazio, entediado e frágil.

É assim que a ignorância torna maiores o padecimento e a ruína.

O ignorante, desastrosamente, admite a impossibilidade. Ele não teve "ouvidos de ouvir" quando o Mestre nos estimulou dizendo: "Sede perfeitos como o Pai que está nos céus é Perfeito."

A Yoga que combate a ignorância – a *Jnana Yoga* – é a caminhada no saber, na elucidação progressiva, afastando os mil disfarces que escondem o Real, o Uno, o Absoluto. O *jnanin*, no seu caminho, conquista Paz, Felicidade, Amor... mediante as vitórias que impõe às trevas, aos enganos...

Para o *jnanin* é a ilusão (*avidya*) que, fazendo de Deus algo separado, faz-nos sofrer e faz-nos fazer sofrer. É *avidya* que separa os homens e nutre os *eus* conflitantes.

Jnana Yoga é deslumbramento enquanto dissolve as trevas. É desengano, enquanto afasta as aparências enganosas. É desilusão, enquanto nos livra de todas as ilusões – agradáveis e desagradáveis. É desencanto, enquanto nos salva de frustradores encantamentos.

O *jnanin* vê-se a si mesmo; vê tudo, todos e o Todo numa Unidade, que não tem segundos. Nada existe fora de Deus, o Uno. Há muitas existências, mas a Essência é Una. Existências são aparências; e a Essência Una, o Real. Nada existe fora ou diferente do Uno. Nós, embora pareçamos ínfimos, somos o Infinito.

Conseguida a desilusão total, o que resta é a imperecível liberdade, a felicidade absoluta.

Sat-Chit-Ananda é um dos nomes do Inominável de mil nomes.

Sat é Deus como Ser e Verdade.

Chit é Deus como Consciência Suprema.

Ananda é Deus como Felicidade Absoluta.

E nós somos Isto – É a mensagem *advaita* (monística) de *Sankara*, o vedantino.

Só a ignorância nos impede de ver que o somos.

A ETERNIDADE GERA O TEMPO.

O Infinito cria o finito.

O Absoluto manifesta-se nas formas do relativo.

O Real se esconde atrás dos aparentes.

O Ser concebe os seres.

Aquilo que Eu Sou se acha perdido em sua própria criação – o que tenho suposto ser.

O Uno se faz diverso e torna-se universo.

Existo para realizar o Ser.

Vivo buscando tornar-me o que já Eu Sou.

Eu Sou
Eternidade,
Infinito,
Absoluto,
Real,
Uno e Único...
Mas... Que Eu Sou?!

EXERCÍCIO DE VEDANTA

Ensina *Sankara*, o sábio *advaita*, que somos todos os seres, uma única e mesma Essência Real, e que devemos *vivenciar* este postulado, pois somente a *realização* transformará a simples afirmação intelectual em imortal e libertadora *Verdade*. Quando tal ocorrer, teremos aberto a nós mesmos a porta da Unidade, que é o Absoluto Ser, Consciência Pura, a Absoluta Beatitude. Teremos assim atingido o objetivo último da existência, que é *realizar-nos*, a nós mesmos, fundindo-nos no Todo, sumindo no Uno.

Acho-me sentado sob a árvore, tendo em torno de mim um universo inebriante de sensações. É a voz da criançada a brincar lá fora. É um motor que está rosnando, numa lambreta à distância. O farfalhar da acácia tangida pelo vento quase consegue abafar a música de mau gosto que sai de um rádio, numa casa distante. Há alegria no pipilar de alguns poucos passarinhos. Meu mundo sonoro é, portanto, variado, confuso, espontâneo e pouco harmônico. E ele atrai meus ouvidos.

Vejo rosas vermelhas, e jasmins exibindo brancura. O cheiro do ar é bom. O vento faz tudo mover. O Sol, um pouco embuçado de névoa incerta, ainda consegue semear incertas sombras no chão. O vento continua buliçoso e brinca com os ramos das árvores, fazendo-os dançar. As sombras dos ramos também dançam, mas em silêncio. A dança é geral. É dança verde, imprevisível, fresca e bonita. Todo jardim é um balé sob a regência do vento.

A gatinha branca, sem saber que se arrisca a ser mencionada, com sua placidez limpa, habitual, entra em cena a lamber-se solene, emprestando uma boa dose de graça ao quadro de que faço parte.

O chão é canteiro de vida. Grama, aqui. Terra escura estrumada, ali adiante. As boninas me atraem a atenção por serem pequenas manchas escarlates, bem nítidas. Há ainda florezinhas – umas brancas, outras amarelas. São miúdas, ínfimas, perdidas e anônimas em sua banalidade. Só um poeta ou um místico lhes dariam atenção. Só a custo vou descobri-las. Há também matinho vagabundo e ignorado, sem brilho, sem história...

Naquele pequeno pedaço da Realidade, que é meu jardim, tento fazer um exercício vedantino: sentir-me unido, idêntico a todos os seres e impressões que o povoam e movimentam. Quero sentir-me entremeando e sustentando a existência de tudo. Quero sentir o Absoluto que está em mim e que é o mesmo em tudo. Quero tornar-me o jardim. Quero fundir-me com ele e confundir-me com todos esses seres, com todas as variadas formas, que, sem pedir licença, me invadem pelas janelas dos sentidos.

Começo com o tornar-me as montanhas azuladas e sinto-me engrandecido e nobre. Torno-me rosa, e sem dificuldade o faço. Rosa perfumada, exuberante, dadivosa, colorida... Sou cedro, agapanto, cravina, jasmim... E por que não a florzinha miúda, pobre e perdida no escuro do canteiro?... Chego a gozar a tranqüilidade horizontal da grama. Sou acácia dançarina... Sinto-me colibri, doidinho, de flor em flor. Sou andorinha sem compromissos, rasgando espaços... Sinto-me em cada criança gritando e correndo na estrada, brincando de pegar... Agrada-me sentir-me vento buliçoso, vento-menino, mexendo com as plantas... Olho o céu e gozo ser céu. É fácil identificar-me com a gatinha de olhos amarelos a explorar os canteiros. Não faz mal tornar-me areia, barro, humo, cimento, parede, cal, pedra... Gozo o sentimento de perenidade mineral do chão.

Vejo agora alguma coisa que a cadela largou na grama. Repugnante e fétida, atrai somente a atenção da moscaria igualmente repugnante. É um acidente que perturba a beleza de toda aquela manhã no jardim ensolarado.

Não consigo ser mosca...

Não tenho jeito de tornar-me *aquilo*...

Há um desafio a meu espírito vedantino.

Tenho de ser equânime e não me negar a identificar-me com algo.

Se o Real Ser assume todos os aspectos, não somente os belos, mas também os feios; se o Absoluto está em tudo, seja qual for sua aparência; se eu quero sentir o Real e a Ele unir-me; se meu objetivo é transcender o reino das aparências e imergir no Absoluto, como rejeitar *aquilo*, pondo-o fora do que busco Ser?!...

Tornar-me *aquilo*, mesmo sendo manifestação do Uno Sem Segundo, francamente me enoja...

É nessas cogitações que percebo que há muito minha atenção não desgrudou *daquilo*. Agora são as moscas e eu que pousamos sobre *aquilo* nosso interesse... e, assim, já não tenho dificuldade em *estar* no inseto que todos acham repelente...

Continuo meditando. Não posso excluir do Todo aquela sua parte repelente. Repelente para quem?!

Para mim.

E quem é esse *mim* que tem a audácia de excluir algo que integra o Todo? *Aquilo* é uma aparência do Todo. E eu, que julgo, que penso, que valorizo, não serei também uma outra aparência?

E que tal um esforço para ultrapassar a cortina das aparências, o reino do ilusório?...

Vale tentar.

Prossigo a meditação. Tento descobrir a infinitude do Todo, o indivisível do Absoluto, a Eternidade do Uno... sob a muralha daquele aparente nojento. A primeira grande alegria foi deixar de ver *aquilo* e perceber, fascinado, o maravilhoso quimismo a processar-se sob a regência do sol que incide, do ar que circunda, da terra que recebe e que dá. Vejo *daquilo* desprender-se não mais a fedentina, mas algo precioso, que penetra a areia e vai ser bebido pelas muitas boquinhas nas múltiplas radículas da grama e das grandes árvores, e *aquilo* vira seiva, seiva subindo, transformando-se em rosa, produzindo fragrância, rosa enfeitando altares. É o milagre da Vida Perpétua...

Continuei esquecido de tudo mais e vi usinas febris e fecundas no coração dos átomos... No reino dos átomos, não há repugnantes. Assisti extasiado a um drama de vibrante dinamismo no infinitamente pequeno, *naquilo* e em mim...

E cheguei àquele acontecimento divino em que a matéria some. Mergulhei corajoso no universo das energias puras.

Mas, distante, deslumbrou-me a eclosão do pensamento puro, que nasceu da morte da energia.

Depois, o milagre maior: o pensamento cessou. Parei de pensar.

Passei a Ser...

E...

◊◊◊

Será mesmo irreal o universo dos sonhos?

Será mesmo real este universo que supomos real?

Uma alma ingênua poderá rir de tais dúvidas. Ela tem certeza de que sonho é fantasia e o mundo que seus olhos vêem, quando acordados, é a única realidade. Uma alma vedantina não nega a realidade dos sonhos e não afirma a realidade do universo que todos têm como real.

A Realidade está além e dentro de todos os universos.

É esta Realidade que o *jnanin* está querendo *realizar*.

◊◊◊

O rio do tempo, o que é?

Mistério fecundo.

Fascinante incógnita.

Seu incessante fluir, aqui onde a banhar-me estou – bem o sei – é seu presente.

Além ou aquém, pouco sei.

Qual o futuro?

– a fonte gelada, diamantina, donde promana, donde vem vindo seu vir-a-ser, donde ganha existir?

– ou a foz, que ainda virá, onde o fluir se aquietará, onde deixará de existir?...

Qual o passado?

– as águas que já se foram no rumo do mar, as águas que são vésperas do fim, quase na foz?...

– ou as águas, filetes humildes, sonoras, refrescando os pedregulhos da montanha, águas que eram, ontem?...

Onde o porvir?
Onde o pretérito?
A foz é passado ou futuro?
A fonte, futuro ou passado?

Meu nascimento: foi mesmo ontem, ou ainda virá? Será amanhã, ou já foi?

Além do morrer, além do nascer, sem futuro nem passado, o Rio da Realidade sempre É.

◊◊◊

Não intentes acender o Sol.
Basta que abras os olhos.
Ele está aceso e sempre à espera de teu olhar.

◊ ◊ ◊

Eu não sou este corpo que adoece, envelhece, fenece, morre e se desfaz.

Não sou também esta mente, que se turva, que perturba, que se aflige, se divide, se confunde, que padece e faz sofrer.

Eu Sou a Realidade Una, que não muda, Perfeita que é; que não nasce e não morre, por ser Eterna; sem limites, sem fronteiras, Infinita, que é.

Eu Sou a Verdade Suprema, a Consciência Absoluta, a Beatitude Imperturbável – *Sat-Chit-Ananda*.

◊ ◊ ◊

Glorioso será o dia em que nada restar do que suponho ser, do que supus meu, do que julgo fazer.

Mentiras, não as quero.

Que se vão haveres, lembranças, tormentas, bonanças, saberes, dissabores, deveres, quereres...

Que reste apenas o que nunca deixei de Ser – *Sat-Chit-Ananda*. A Realidade Absoluta.

◊ ◊ ◊

Como é grande a eloqüência do discurso que ninguém diz e que eu escuto, vindo não sei de onde.

◊ ◊ ◊

O Infinito está aqui, mas a mente finita o encobre.

A Eternidade é agora, mas a mente, presa do tempo, vivendo o fugaz, a esconde.

A Paz é aqui e agora, mas a mente ansiosa não me permite alcançá-la.

A Liberdade absoluta já é, mas a mente *se escraviza* ao sentimento do *eu* e do *meu*.

A Vida Universal Sou Eu, mas a mente me ilude com o que apenas aparento ser e, assim, não alcanço o que realmente Eu Sou.

Aquieta-te, cala-te mente.
Deixa-me Ser
Infinito,
Eterno,
Paz,
Liberdade,
Vida...

◊ ◊ ◊

Quero que não se perca um minuto sem que eu me sinta mais você mesmo, você que, longe ou perto, ontem ou amanhã, na matéria ou fora da matéria, conhecido ou desconhecido, bom ou mau, é mais do que irmão, realmente é o Ser que Eu Sou.

◊◊◊

Alma liberta é aquela que diz assim:
– Que foi feito de meus limites, que não os vejo?!
– De nada preciso e o nada que me resta quero dar!
– Quando é que o tempo foi?
– E o espaço, onde está?
– Mergulhada me sinto na infinitude do aqui.
– Perdida me acho na eternidade do agora.
– Onde o escuro?
– Onde o medo, o tédio, a angústia, a pobreza?
– Onde os vínculos?
– Onde lembranças e anseios?
– Existiam eles enquanto eu existia.
– Que imenso vazio é esta plenitude!
– Já não existo.
– Sou.

◊◊◊

Quero ficar longe de mim, deste ilusório "mim" que tenho suposto ser.

Quero que as fronteiras se atenuem e a extravasão libertadora se dê.

Quero esvaziar-me do que tenho acreditado ser.

Quero que chegue o dia em que ninguém possa saber onde estou, por estar em tudo!

◊ ◊ ◊

Nuvens baixas, pesadas, plúmbeas despejavam farta chuva sobre o agitado mar, agradecendo-lhe o empréstimo.

Que sou eu, senão nuvem efêmera, desejosa de restituir-se ao Mar que Eu Sou?

◊ ◊ ◊

Não saber quantos anos durou o reinado de Sargão I e qual o peso atômico do enxofre não me faz mal.

Não saber o que Eu Sou é o mal supremo. É o único mal.

◊ ◊ ◊

Um carneirinho, coitado, tinha alergia à lã.

Como sofria com a lã pregada sempre às costas!...

Assim somos nós, com a cruz do egoísmo insistentemente, desgraçadamente grudada em nós.

◊ ◊ ◊

Para um tolo, desilusão é dor. Para o sábio, é oportunidade de aprender. É o portal do jardim da liberdade.

◊ ◊ ◊

A existência fragmenta e faz divergência, que gera conflito.

A pacificação dos conflitos gera a convergência, da qual resulta a unificação, que é própria da Essência.

◊ ◊ ◊

A divergência se nutre da penumbra.

A confluência, do esplendor da Luz.

◊ ◊ ◊

Desperta. Não continues deixando-te enganar pelo aparente, seja agradável ou desagradável. Busca a Realidade Onipresente, que os aparentes disfarçam.

Mas também não te iludas, achando que o aparente é a antítese da Realidade.

Nenhum aparente existiria sem uma Realidade essencial a manter-lhe a existência.

Cada aparente tem, em si, a Realidade.

Não busques uma Realidade infinita, longe, no inverso da finitude dos aparentes do mundo.

Não creias que Deus é um antimundo; que, sendo Eterno, é um antitempo; que, sendo Absoluto, é um anti-relativo.

Busca o Real agora e aqui.

◊ ◊ ◊

Deus é a infinitude do *fazer*, do *saber*, do *amar*.

Embora onipotente, quando meu *eu* se apresenta, Ele se afasta.

Fica de longe, amoroso, sem pressa, esperando que o intruso se vá.

Ele espera, para novamente reinar.

Só meu obsessivo *eu* consegue usurpar o Reino de Deus.

◊ ◊ ◊

Quando aceitares que a Realidade tem flores, mas também espinhos, o sofrimento que os espinhos te fizerem não vai mais doer tanto.

◊ ◊ ◊

Este velho esclerosado, triste e malcheiroso, que te pede esmola – incrível que pareça – é um dos incontáveis disfarces da Realidade do Uno-Sem-Segundo, que tu e eu somos.

Ama-o.

◊◊◊

Enquanto ainda nos movem o sentimento e a convicção de sermos cada um uma pessoa à parte, sem nada ter com o mal ou o bem que atinge os outros, é que ainda estamos limitados pelo aparente, vítimas do aparente, e, ao mesmo tempo, engendrando o aparente.

Enquanto vivermos, cada um por si, julgando-se algo que outrem não é, enquanto o egoísmo (*ahamkara*) usurpar o Reino, pouco saberemos da Realidade, pois só conheceremos o aparente, este aparente que nos é cruz e que nos detém como o visgo retém um passarinho.

◊◊◊

Todas as coisas, mesmo as mais triviais e até mesmo as que parecem mais antidivinas, tudo que nos cerca, flor ou verme, perfume ou mau cheiro, floresta ou deserto, cueiro ou mortalha, chão ou nuvem, afago ou agressão, drama ou comédia, pesar ou prazer, claro ou escuro, falso ou autêntico, ruído ou música, mel ou fel, tudo, tudo é a presença do Real, que não se vê.

◊◊◊

Barco perdido dentro da bruma.

Bruma, bruma contínua, inconsútil...

E o barco não sabe para onde está indo.

O mar, imenso e azul, tem comido muitos barcos. Muitos pescadores. Muitos marinheiros.

Até parece que o mar é feito das lágrimas de filhos, viúvas ou noivas de marinheiros e pescadores que foram engolidos, em dias de bruma e noites de tempestade.

A bruma ajuda o mar a devorar os barcos.

Bruma, bruma, brancura... sem saída.

E o barco não tem mais um rumo.

Para onde vão as almas dos barcos afogados?

Sol, onde estás?!

Quando o Sol vier, a bruma ir-se-á com sua brancura letal.

Nenhuma bruma resiste ao Sol.

Eis o Sol! Viva! O Sol!

Eis a salvação.

Meu coração, com Teu nome, Tua figura, Teu amor, Tua luz, Teu poder, Tua Onipresença, oh Verdade! – é o Sol.

Para onde foste, bruma, perigo no mar?!

◊◊◊

Ninguém chegará a conhecer estrelas apenas olhando-as pelo telescópio.

É preciso tornar-se estrela para poder conhecer uma delas.

◊◊◊

As raízes, que, por imprudência, no efêmero da existência mergulhamos, não nos nutrem a não ser de ilusões.

Nossas raízes reais, que nos sustentam e garantem, são voltadas para cima, mergulhadas na Eternidade Infinita da Essência.

É delas que recebemos Ser.

◊◊◊

Minha existência pode findar agora, na última letra desta palavra.

O que há de eterno em mim, a Essência, transcende tudo que seja fim.

◊ ◊ ◊

O maior erro da ignorância é tomar o impermanente como eterno.

Suas conseqüências se expressam em gemidos, lágrimas e "ranger de dentes".

◊ ◊ ◊

Para se ter a luz do Sol desnecessário é galgar escarpas e buscar o cume da montanha.

Só é preciso coragem para renunciar à aliciante sombra da árvore do egoísmo.

◊ ◊ ◊

Tens apenas um amigo – *tu mesmo*.

Só um inimigo tu tens – *tu mesmo*.

Um problema somente existe – *tu mesmo*.

Tu mesmo, que sou *eu mesmo*, és, no entanto, o Uno sem Segundo.

◊ ◊ ◊

Uma gota d'água só atinge o Infinito quando some no mar.

◊◊◊

Continue a buscar Deus *fora* de você, mas não se esqueça de que só Deus, *dentro* de você, é capaz de ver Deus *dentro* de cada coisa, pessoa, animal, planta ou pedra, em cada paisagem ou fenômeno *fora* de você.

PRECE DO JNANIN

Sei que estás manifesto nas aparências, mas eu Te busco Realidade.

Sei que também no fenômeno Tu estás, mas eu Te quero Nômeno.

Sei que imanente estás no reino das formas, mas ando em busca do Informal.

Sei que no reino dos nomes Te encontras, mas é o Inominável o objeto de minha busca.

Conheço o universo, mas ando Te procurando a Ti, oh! Uno.

Chega a meus sentidos a presença do multiforme, do multissonoro, multifragrante, do multiperceptível, mas bem sei que Te encontras além de todos os múltiplos, pois És o Único.

Sei que estás aqui, ali, além, aquém... Mas é fora dos limites e das dimensões que procuro conhecer-Te.

Sei de muitas definições, das mil que andaram Te atribuindo, mas não é um Deus definível, um Deus de atributos que procuro.

Procuro o Inqualificável, o Indefinível, o Insondável, o Inefável Ser.

Quem És?

Que És?

Ajuda-me, Realidade, a exumar-Te dentre tantas aparências, tantos conceitos, tantas formas e tantos nomes.

Ajuda-me a transmutar o limitado e periférico conhecer em infinito e profundo saber.

Ajuda-me a realizar O que És.

Ajuda-me a realizar o que Eu Sou.

Ajuda-me a perder-me, redento, no Infinito Eterno do Ser que Eu Sou e que Tu És.

Salva-me, Presença, da ignorância escravizante...

Eu Te peço, meu Deus, destrói esta distância.

Liberta-me da ilusão que nos afasta.

O caminho

SÁDHANA

... tomai a armadura completa de Deus
para que possais resistir...
(Ef 6:13)

SÁDHANA É o método. *Sâdhaka*, aquele que o pratica.

O método de vida do caminhante é feito de muitos preceitos, todos eles visando dar maior alcance a seus passos. Ensinam os Mestres aos *sâdhakas* os comportamentos que os ajudarão a vencer dificuldades.

O relacionamento com nosso universo interno e com o mundo fora de nós deve ser bem conduzido. Cuidado... Bem que o apóstolo aconselhou: "Orai e vigiai."

A vida moral do *yoguin* salva-o de conflitos, sofrimentos, quedas, recuos...

O *sâdhaka* aprimora-se no amor, no perdão, na caridade autêntica, na humildade, no cooperar, no construir e mesmo no destruir, no adquirir e no renunciar, no falar, no projetar, no trabalhar, no comprar e no vender, no mandar e no obedecer...

É errôneo pensar que o *yoguin*, pelo fato de ter despertado e visto o falso valor do que é mundano, deva abandonar a sociedade, a convivência, e partir para uma floresta, para a beira de um rio ou para uma caverna na montanha. Nada disso. Agora, desperto e armado de discernimento, mais do que antes, pode e deve participar, e de forma muito mais fecunda. Já não é um egoísta, preenchendo-se na exploração dos outros. Ativamente trabalha como se estivesse ávido de lucros. Na realidade, porém, não visa compensações pessoais. Dá e dá-se na alegria de dar, não na expectativa de recompensa. O *sádhana* do *yoguin* de séculos atrás fazia dele um anacoreta. O *sâdhaka* moderno fica entre seus irmãos de humanidade, mas mantendo-se isento, evitando mesmificar-se e corromper-se. Em seu ambiente – oficina, escola, escritório, repartição – é ele um ponto de apoio aos outros, quando sofrem e perdem o ânimo.

O *sádhana* inclui cuidados com a nutrição do corpo, da mente e da sensibilidade. Impõe purificação física e psíquica. Reclama atividades várias, todas coerentes com sua opção – caminhar para Deus, embora convivendo no mundo dos homens.

Orando, vigiando, trabalhando, vivendo, o *sâdhaka* faz ou deixa de fazer, diz ou deixa de dizer, aspira ou deixa de aspirar, imagina ou deixa de imaginar, sempre em proveito de vencer a ilusão e o ego.

O *sádhana* é o viver todo instante no rumo da redenção.

ALTO!

Pára de correr.

Basta de fuga.

Desiste de obrigações novas, de excitantes e sedativos novos, de idéias e ideais novos.

Nada esperes de novo de novos líderes.

Deixa de arrebanhar sequazes.

Renuncia a este proselitismo cego e estúpido.

Serena esta sede de ganhar, este agitado crescer, este inútil adquirir e acumular.

Deixa de imaginar utilidades novas.

Sensações novas, por mais excitantes, não te livrarão do tédio. Convence-te.

O pavor, o medo de ti mesmo, que te fazem evitar a solidão, não têm fim neste obsessivo fugir, neste aflito diluir-se, neste angustiante escapar, neste dramático esvaziar-se.

Há uma esperança, e está na direção oposta.

Pára! Busca a solidão! Aquieta-te! Sonda-te!

Enfrenta-te com o que mais tens temido – tu mesmo.

Busca analisar-te, sem autopiedade, sem te culpares ou desculpares, sem te condenares, sem que venhas a sentir vergonha de ti.

Não aceites consoladoras razões.

Estuda-te sem remorsos, sem pavores.

Pára.

Reúne teus muitos pedaços dispersos pelos temidos padeceres, inebriantes prazeres, absorventes deveres, anestesiantes creres, esgotados caminhos, obsessivos apegos, irritantes aversões...

Senta-te.

Emudece.

Quietude.

Solidão.

Medita.

Junta-te em ti mesmo.

Une-te àquilo que És, Tu Mesmo.

◊◊◊

Assim como humilde centelha pode iniciar gigantesco incêndio que arrase uma cidade, um simples esboço de sorriso em teu rosto pode fazer teu coração desabrochar e ser a alegria que ele é.

Desanuvia tua face, afrouxa os lábios, solta os músculos, desfaz as rugas, descontrai... E não tardarás a sentir gostosa euforia brotar e crescer lá dentro, feito semente germinando, como se fosse maré de plenilúnio.

◊ ◊ ◊

Persiste, irmão. Continua batendo. Bate sempre, a todo instante. A cada respiração, a cada palavra, a cada passo, a cada sonho que tiveres, no que fizeres, ao afagares um gatinho, ao deitares a semente no canteiro, ao escreveres tuas cartas, ao ouvires ou fazeres música, em cada cumprimento, em cada gozo, em cada amargura, onde estiveres, com quem estiveres... lembra-te de que És Deus fazendo algo para Deus.

É assim que se bate à Porta.

Persiste batendo, mesmo que duvides de que existe a Porta.

"Bate, e te será aberta" – promessa de quem sabe, de quem pode, de quem não falha, de quem não engana.

◊ ◊ ◊

Quem quer mesmo fazer o bem, não tem dificuldades de encontrar o *próximo*.

Quem apenas aparenta querer, conservará sempre o próximo muito distante.

◊ ◊ ◊

Há uma religiosidade a ser denunciada.

Refiro-me àquela que, voltada para o pecado, para o mal, que, cuidando sempre de satã e do inferno, deixa de lado o bem, esquece-o, que silencia quanto ao bem, que negligencia a consideração do céu e fecha os olhos para Deus.

A religião pecadocêntrica prefere convencer-nos de que somos degradados, olvidando que somos herdeiros da perfeição, da verdade, da bem-aventurança...

O pecadocentrismo religioso ameaça com o sofrimento, e gera o medo.

Silencia sobre a liberdade, enquanto cria a servidão.

Não nos convida nem desafia para a perfeição de que Cristo falou.

Tal religião não tem um nome.

É a fase imatura da religiosidade.

Está na fase primitiva de todos os agrupamentos religiosos.

Ela é o primitivismo na alma de todos os crentes ignorantes e egoístas.

◊ ◊ ◊

Ao ruído de fora, responde com teu silêncio de dentro, e o ruído, comovido e reverente, se convencerá de que deve calar-se.

◊ ◊ ◊

O melhor antídoto contra a humilhação é a humildade verdadeira.

◊ ◊ ◊

"Sou um triste pecador" – repetem alguns ingênuos crentes, supondo que isto é a humildade que agrada a Deus.

Nenhum magnata gostaria de ouvir um filho dizer-se miserável.

Deus fica feliz quando afirmamos nossa felicidade.

◊ ◊ ◊

Sacralizar a vida é sacrificar todos os nossos atos, pensamentos, palavras, desejos e até mesmo nossos sonhos.

Sacrificar quer dizer tornar sagrado, oferecendo a Deus tudo o que pensamos, fazemos, dizemos, planejamos, ansiamos.

O Santo nada faz, nada pensa, nada fala, nada quer que não tenha pureza e dignidade, que seja escondível e inofertável ao Onipresente.

◊◊◊

Se queres mesmo saber o que é *samadhi*, procura ouvir quem já o experimentou.

Houve um peixinho que um dia, há muito tempo, foi retirado do mar.

O peixinho sofreu, sofreu muito fora d'água.

O pescador, achando-o miúdo, lançou-o de volta ao mar.

Ao mergulhar novamente na água, o peixinho miúdo experimentou seu *samadhi*.

Procura aquele peixinho anônimo, humilde e escondido. Escuta-o.

Em silêncio, ele te descreverá *samadhi*.

◊◊◊

Aprende a tranqüilidade, amigo.

Cultiva paz e silêncio.

Tesouros imensos serão teus, se aprenderes a quietude criadora; se souberes e puderes curtir os gozos do sábio ocioso, sentado à sombra da árvore; se imitares o vento, quando pára de soprar por não querer quebrar o encanto com que a lua se deita sobre o rio, quase parado.

◊ ◊ ◊

Enquanto há apego, há apreensão...

Apreensivo, quem feliz poderá ser?!

Só o verdadeiro renunciante é apto para a felicidade.

Você sabe o que é renunciar?

Digamos que deseje renunciar à casa e, assim, libertar-se do sentimento de posse, da apreensão... Vende-a, e dá o dinheiro aos pobres...

Com isto, seus filhos é que ficarão pobres.

Você terá trocado a apreensão pela angústia, a angústia da pobreza...

Renúncia não é um ato extremo, um autodespojamento de superfície.

A renúncia, que nos liberta da apreensão e nos deixa a felicidade, é o sentimento de que nada é nosso, e podemos expressá-la assim:

"Nada é meu. Tudo empréstimo. Inclusive este corpo. Assim como uso a roupa, uso o corpo. Estou pronto para devolver tudo, quando a hora chegar. Enquanto Deus permite, sou administrador. O proprietário é Ele."

◊ ◊ ◊

A Voz que queremos escutar não fala enquanto não cessar o ruído de nosso querer.

◊ ◊ ◊

Se fazemos silêncio no fundo de nós mesmos, os sons da mata emudecerão por certo. Ficarão atentos ao ritmo de nosso coração tranqüilo.

◊ ◊ ◊

Cultiva as flores de teu coração.

Não há melhores para perfumar os dias daqueles que precisam de ti.

◊ ◊ ◊

Duas coisas fazem Deus falar:

– Nosso necessitado apelo e nosso total silêncio devoto.

◊ ◊ ◊

Se desejas a visita dos pássaros, põe-lhes comidinha na tua janela.

Se desejas o amor dos outros, que teus lábios virem janelas e teus sorrisos, alpiste.

◊◊◊

Alongar minha vida de um segundo que seja, eu não posso.

Engrandecê-la, eu posso.

Basta conseguir humildar-me.

◊◊◊

Ninguém conseguirá silêncio, se ficar a protestar contra o ruído que vem de fora.

Ninguém conseguirá dormir, se ficar forçando o sono.

Ninguém conseguirá paz, se ficar lutando contra os opostos da existência.

Ninguém conseguirá meditar, se ficar violentando a mente; forçando concentrá-la e emudecê-la.

◊◊◊

Não há maior sinal de ignorância do que a arrogância diante da ignorância.

◊◊◊

Impossível é evitar ferir àquele que, susceptível, facilmente se deixa ferir.

◊ ◊ ◊

Ele te feriu?
Ora por ele.
Só os frustrados ferem.

◊ ◊ ◊

Escuta, amigo, foi brilhante e convincente teu sermão sobre o desapego. Não te entregues agora à tristeza porque não te aplaudiram bastante.

◊ ◊ ◊

Pensando na velhice, todo jovem deveria conquistar dois tesouros:

– ficar sentado, longo tempo, sem nada fazer, mas sem se julgar inútil, e

– encontrar encanto na solidão, sem se sentir desprezado.

Yoga é a conquista de tais tesouros.

Realiza o céu da quietude e a poesia da solidão.

◊ ◊ ◊

Na solidão, o *yoguin* se prepara para a eficiente solidariedade.

Participando, cooperando, solidarizando-se, humilde e renunciante, prepara-se para ficar só, e, na solidão, encontrar-se.

◊ ◊ ◊

Para o ignorante, solidão é inferno.

Para o *yoguin,* é céu.

◊ ◊ ◊

Na verdade, não está fora de seu alcance comungar com as estrelas...

Comece a comungar com o que está perto de você.

Dê-lhe amor, compreensão, companhia, abrigo, perdão, carinho e coração.

Assim é que as estrelas podem ser atraídas... e você até chegará a ser uma delas.

◊ ◊ ◊

Cada segundo de vida é uma experiência que pode ser libertadora ou escravizante.

Cabe a nós decidir.

◊ ◊ ◊

Só o verdadeiro valente é realmente apto para a mansidão.

◊◊◊

Algum dia a morte levará aquilo que *eu tenho*, mas nada pode tirar daquilo que *Eu Sou*.

◊◊◊

Aquele em cujo coração nasce uma flor, vê flor e coração em tudo que vê.

◊◊◊

A beleza do corpo morre com o corpo.
A beleza da alma é imortal.

◊◊◊

Não ouses tirar ao aleijado suas muletas, querendo ensiná-lo a andar.

Primeiro, ajuda-o a descobrir que pode andar sem elas e depois deixa que, por si mesmo, as atire fora.

◊◊◊

Sorria sempre, irmão.

Mas, quando preciso, não tenhas vergonha nem medo de chorar.

◊ ◊ ◊

Somente quando o homem descobre que nada é seu, só então é que passa a ser dono de tudo.

◊ ◊ ◊

O vento sopra.

E está à feição.

Tens um destino. Tu sabes para onde ir.

Que te falta?

Desancora. E faze-te ao mar.

Abre a vela. Aproveita o vento. Não temas tempestades. Sê firme no rumo.

Feliz viagem, meu irmão.

Não desperdices o vento, que agora é teu.

◊ ◊ ◊

Não perdoar transforma credor em devedor.

◊ ◊ ◊

Perdoar é atirar fora carga imunda e pesada.

◊ ◊ ◊

Em toda vingança, há dois que saem feridos.

◊ ◊ ◊

Guarda uma boa reserva de mel em teu coração, e usa-a com a primeira pessoa azeda que encontrares no caminho.

◊ ◊ ◊

Cada idade tem seus próprios encantos.

É preciso descobri-los e valorizá-los.

É sábio que o jovem não pretenda antecipar o que virá a ser, esquecendo-se do que já é.

É sábio que o idoso não lamente o que se foi e o que ele foi, desprezando o que ainda é.

Cada idade tem um comportamento, um papel, um quadro de valores, de direitos, de deveres que lhe são naturais.

A prudência recomenda evitar o antinatural, ou seja, tentar viver a idade que ainda não se tem ou que já se deixou de ter.

Convém não esquecer, entretanto, que dentro da vibração da juventude cabe um pouco do tino tranqüilo dos mais velhos, e dentro da circunspecção experiente da velhice não deve faltar uma boa dose da alegria criadora dos moços.

◊ ◊ ◊

Sem coragem, não se alcança a Verdade. Sem a Verdade, como ser corajoso?!

◊ ◊ ◊

Ninguém realizará Yoga, que é *integração*, utilizando-se de drogas, que provocam a *desintegração*.

◊ ◊ ◊

Serei prudente.

Para a longa viagem, nada levarei de supérfluo.

Vou conduzir somente aquilo que tem valor lá. Lá, para onde vou.

◊ ◊ ◊

O "homem velho" se enriquece com o que toma.

A riqueza do *yoguin* é feita de renúncia.

O *yoguin* perde o impulso agressor porque *sabe* que o outro é ele mesmo. Ele é astuto, pois não gosta de ferir-se.

◊ ◊ ◊

Na subida do monte, o que menos importa é o lado da encosta que escolhemos.

Seja o flanco do sul ou do norte, do oriente ou do ocaso, o mais importante é o persistente esforço de subir.

◊ ◊ ◊

O espantalho não agride os pássaros, mas consegue proteger a plantação.

◊ ◊ ◊

Deus é, para todas as criaturas, o que para todos os rios é o mar.

Yoga é o caminhar do rio.

Yoga é seu mergulho no mar.

◊ ◊ ◊

Enquanto comermos e bebermos para festejar o nascimento de Jesus, ele continuará sua espera.

Ele espera que para ele nasçamos.

◊ ◊ ◊

Na verdadeira religião,
o templo é o corpo;
o coração, o altar;
o silêncio, a prece;
a oferenda, nós mesmos;
o Natal, cada segundo de nossas vidas.

◊ ◊ ◊

É condição de salvar-nos o sentir-nos viajantes movidos por uma incessante saudade de nossa origem: querendo voltar.

◊ ◊ ◊

O uso de drogas, se apenas fosse uma ilusão de liberdade, não seria tão desgraçado.

O uso de drogas é escravidão verdadeira.

◊ ◊ ◊

Perdoar é muito bom, mas não é fácil.

Mais difícil ainda, mas muito mais desejável, é vigiar nossos atos, palavras e pensamentos a fim de não ter de pedir perdão.

A liberdade verdadeira só existe quando não existem ofendido e ofensor, credor e endividado, quando, por um lado, não existe ressentimento, e por outro, remorso.

◊ ◊ ◊

Arrependimento é bendita conversão.
Remorso é lamentável reversão.
Arrependimento liberta e purifica.
Remorso perturba e debilita.

◊ ◊ ◊

Não busques o guru.
Merece-o, e ele aparecerá.

◊ ◊ ◊

A Eternidade é agora.
O Infinito é aqui.
Vivamos o aqui e o agora!

◊ ◊ ◊

Na venturosa aventura do mundo interno, só os ouvidos fechados escutam, só os olhos cerrados vêem, só atinge a meta quem deixou de ser caminhante.

◊ ◊ ◊

A pior das doenças é a egoesclerose.

Para ela, há um antídoto – a verdadeira humildade –, que nasce da sabedoria espiritual, que se nutre de renúncia, que se fortalece com o servir, que se diviniza com o amor.

◊ ◊ ◊

Entre a doença e a cura, há a convalescença.

◊ ◊ ◊

A alegria de dar é o verdadeiro pago àquele que sabe dar.

◊ ◊ ◊

Estou vendo fluir o rio da mente. É rápido. É áspero. É incerto seu incessante passar. Corredeiras, quedas, pedras e grotões. Entre espumas e sorvedouros, fatais abismos e fortuitos remansos, que logo ficam para trás, vejo almas arrastadas em soluços e gargalhadas...

Choram, quando nos escolhos se despedaçam.

Riem e se divertem em trechos bonançosos.

Vejo o trágico escoar-se das águas que arrastam almas imaturas...

Estou vendo almas que são inconscientes do que são, inconscientes mesmo de que estão sendo levadas a destinos que não escolheram, a imprevistas paragens...

São almas dormidas, carreadas trágica ou alegremente pelo agitado fluir incessante do rio da mente.

Pouco adianta gritar para fazê-las, pelo menos, tomar parte em seus próprios destinos. É inútil chamá-las, tentar despertá-las.

As gargalhadas gostosas e os gemidos de dor não deixam que minha voz chegue a seus ouvidos encharcados de espumas, de impurezas, de dogmas, de falsas seguranças, de falidos valores, de apegos, de aversões, de convicções, de confortos, de enganos, de desejos...

Assim mesmo, vou tentar.

Vou gritar para aqueles que, já semidespertos, já um tanto conscientes de si, do rio e do desatino da torrente, estão quase exaustos, tentando resistir, forçando nadar em direção contrária.

Eh, irmão. Não nades contra a corrente. Não é com luta que se vence o rio. Tuas forças não tardam a faltar e serás levado de roldão.

Não tentes, tolamente, contrariar o rio da mente.
Não temas.
A vitória é certa.
Mas, não lutes.
Começa a nadar para a margem. Sai do rio.
Aqui há repouso.
Deixa a torrente, e senta-te aqui.
Vamos ajudar outros que o rio leva.

◊ ◊ ◊

Ao homem abastado, conviria sempre lembrar que, quando a morte vier, o levará mesmo. Aquilo que ajuntou, defendeu e tanto multiplicou, e que tanto deseja reter, irremediavelmente acabará. O que ele levará – aí está a tragédia! – é a dívida contraída com tantos que espoliou, esvaziou e iludiu.

◊ ◊ ◊

O "homem novo", o *yoguin*, tem sua riqueza no ser, no amar, no servir, no perdoar, no meditar, no orar, no humildar-se.

O "homem velho" é rico por ter, por gozar, por tomar, por se autopromover e se auto-iludir.

◊ ◊ ◊

Há um novo sentir, um novo amar, um novo servir, um novo saber, um novo agir, um novo viver, um novo ser que precisamos aprender.

◊ ◊ ◊

Contra a tendência para a vaidade, lembro-me sempre do que um amigo me ensinou:

"Hoje, pavão. Amanhã, espanador."

◊ ◊ ◊

Aproveita, amigo. Se estás só, aproveita. Mergulha na solidão como a abelha na colmeia.

◊ ◊ ◊

O *yoguin* não confunde ação com agitação. Aprendeu a distinguir entre atividade improdutiva e quietude fecunda.

◊ ◊ ◊

A dor, em tantos milênios de magistério, jamais errou um endereço, mesmo quando o destinatário mudou de casa.

◊ ◊ ◊

O dia não conhece vaidade, pois sabe que vai morrer. Também não teme a morte, que é certa. Ele sabe que a morte é aparência que antecipa outra aparência – o alvorecer, o nascimento.

Para ser sábio, ao dia só falta nascer e viver cada dia melhor – cada vez mais perfeito que antes. Até não precisar mais nascer.

◊ ◊ ◊

Autenticidade é jóia rara.

A maioria dos que intentam realizá-la, o que melhor consegue não passa de simples imitar os raríssimos que, naturalmente, são autênticos.

Esforço e imitação destroem qualquer autenticidade.

◊ ◊ ◊

Quando cada indivíduo passar a defender os direitos dos outros como defende os seus e, ao mesmo tempo, tornar-se fiel cumpridor de seu papel no mundo, isto é, seu *dharma*, a vida social vai melhorar. Surgirá daí um mundo em harmonia, um mundo *yoguin*, um mundo cristão.

◊ ◊ ◊

Mergulha dentro de ti mesmo, irmão.

Escuta, lá dentro, a palavra do Cristo Cósmico, dizendo-te seu indizível Evangelho, o Evangelho da Realidade Onipresente.

◊ ◊ ◊

Descobre a utilidade de tuas quedas e, assim, deixa de lamentá-las.

◊ ◊ ◊

Acorda, homem!

Sê tu!

O sonho que te fazia frágil, padecente, limitado, gozador, desgraçado, opulento, apegado, beligerante, mesquinho, presunçoso, acovardado, que te impelia a fugir, chorar e sorrir... teu sonho risonho ou tristonho, feliz ou medonho, teu sonho deve acabar.

Tua atual existência, teu viver de aflição ou festa sensual, deve acabar quando despertares, vires e viveres O que realmente Tu És.

◊ ◊ ◊

Há um agir sob emoção, que leva a presumido mal.

Há um agir com enganosa razão, que visa sempre suposto bem.

Há um agir, muito além do sentir, muito além do pensar.

É um agir que mais parece inação, mas que abre a porta da Realidade.

◊ ◊ ◊

As grandes distâncias são vencidas por pequenos passos, desde que esses não se afastem do rumo, e nunca deixem de ser dados.

◊ ◊ ◊

Tristezas são nuvens pesadas e escuras, que passam.

Alegrias são nuvens brancas e leves que, assim como vêm, vão.

Que passem. Que se vão. Que não consigam, por mais tempo, ocultar a Luz do Sol.

◊ ◊ ◊

Não há ressurreição sem prévia morte.

O Ser Supremo que, em Realidade, Eu Sou, está ressuscitando pela progressiva morte do euzinho rixento e estúpido que tenho suposto ser.

◊ ◊ ◊

O homem moderno aprendeu a comprar pelo crediário. Embora não dispondo de suficiente dinheiro, entra imediatamente na posse e no gozo dos objetos que deseja. E, enquanto desfruta, paga.

Muitos ainda não descobriram que, com as coisas do espírito, isto não pode ser. A posse e o gozo do que é espiritual estão sabiamente reservados a quem previamente pagou o alto preço, integralmente.

Será por isto que tão poucos procuram o que é genuinamente espiritual?!

◊ ◊ ◊

Na medicina do espírito, o remédio que tomamos vai também melhorar os outros.

Na medicina do espírito, o remédio que aos outros damos serve para nossa própria cura.

◊ ◊ ◊

Quando começarmos a ter respeito pelas idéias dos outros, mesmo aquelas que contrariam nossas velhas convicções cultivadas; quando começarmos a fazer nossa segurança não mais depender de crenças entorpecentes e, por isto, muito prezadas, já teremos por que nos alegrar, pois a iluminação, que não admite receios e apegos, já anda por perto.

◊ ◊ ◊

Não te farás um espírito criador se, acomodada e preguiçosamente, te entregares obsessivo à leitura do que outros escreveram, se te deixares empolgar por idéias que outros divulgaram, se, infecundamente, ficares a repetir o que outros disseram, se te deixares arrastar como sectário de um doutrinador qualquer.

Teu Espírito é fértil, imensamente fértil. Aprende a cultivar-te. Compõe teu próprio cântico. Canta-o.

◊ ◊ ◊

Cada encontro teu com alguém deve tornar-se um ato de genuína religiosidade.

Nunca esqueças:

É Deus encontrando Deus.

◊ ◊ ◊

Não incomodes Nosso Senhor pedindo que te livre das moscas.

Simplesmente, conserva tua casa limpa.

◊◊◊

Eu acredito no "poder da verdade" porque consigo ver, não obstante as aparências, que os frutos da hipocrisia, embora apetecíveis para os imaturos, são podres e estéreis.

Não resistem ao tempo.

Não toleram a Luz.

◊◊◊

Como esperas colher rosas, insensato, se em torno da casa semeaste urtigas?!

◊◊◊

Quem Realmente É, não se esmera em simplesmente parecer, pois não precisa aparecer.

◊◊◊

Primitiva forma de ser religioso aprova e pratica a suposta humildade que afirma e reafirma "Eu sou pecador", ao mesmo tempo que anatematiza e evita o suposto sacrilégio que afirma e reafirma "Eu e o Pai somos um".

O que se afirma, se firma.

O que se reafirma, se confirma.

Quem nos ensinou o aparente "sacrilégio" foi o Mestre. Lembra-se?

É por isto que, confiante, obediente, insistente, obcecadamente, eu afirmo: "Eu e o Pai somos um."

E o Mestre, nisto, me firma.

Confiante, obediente, insistente, obcecadamente, eu reafirmo: "Eu e o Pai somos um."

E o Pai confirma.

Quanto a você, como seu irmão, sugiro: acredite Nele. Experimente este sagrado sacrilégio!

◊ ◊ ◊

Não busques tão avidamente, tão imprudentemente um *guru*. Quanto maior tua ansiedade por encontrá-lo, maior a probabilidade de te encantares e te entregares a um mistificador hábil em explorar crédulos discípulos.

◊ ◊ ◊

Para o *sâdhaka*, orar é viver e viver é orar.

◊ ◊ ◊

Os cochilos nos pousos da estrada são agradáveis e reconfortantes.

Mas, se forem freqüentes e prolongados, retardam o repouso definitivo na "Casa do Pai".

◊ ◊ ◊

Yoguin é aquele que *sacraliza* tudo que faz, tudo que sente e deseja, tudo que diz e planeja.

◊ ◊ ◊

Quanto maior o desenvolvimento espiritual de um ser humano, tanto menor a necessidade de palavras e gestos para comunicar-se.

◊ ◊ ◊

Se insistente e convictamente, a todas as horas, você repete "Sou um pobre pecador", ninguém poderá melhorá-lo, ajudá-lo, salvá-lo...

Você se transforma naquilo que acredita ser.

Se, insistente e convictamente, a todas as horas repete "Sou filho querido de Deus", ninguém precisará melhorá-lo, ajudá-lo, salvá-lo...

Você é aquilo que acredita ser.

E agora?!

Faça a opção: afunde-se ou faça Deus ser seu Pai.

◊ ◊ ◊

Difícil é encontrar-se o guru.

Dificílimo é o guru encontrar um discípulo que o mereça.

◊ ◊ ◊

Em realização espiritual, o que é autêntico não se anuncia em jornal.

◊ ◊ ◊

Não conseguiremos a tranqüilidade enquanto não descobrirmos que, mesmo o que nos pareça desprezível, revoltante, injusto, traumatizante, feio, ignóbil, imundo, enfermiço, destruidor... tudo – tudo mesmo! – cabe dentro da Justiça, da Sabedoria, da Perfeição, da Beleza, da Pureza do Absoluto. “Quem tiver olhos de ver, que veja.”

◊ ◊ ◊

Perdoar só é possível àquele que, reconhecendo-se falível e imperfeito, torna-se complacente com seus irmãos, igualmente imperfeitos e falíveis.

◊ ◊ ◊

O que é verdadeiramente espiritual não é vendido às multidões a preço de liquidação.

◊ ◊ ◊

O convincente argumento de *nossa* verdade é nosso comportamento.

◊ ◊ ◊

Além de discernimento, renúncia, amor à Libertação, austeridade, estudo, autodoação a Deus, paciência e persistência são indispensáveis.

◊ ◊ ◊

"Meu reino não é deste mundo", mas vivendo no mundo, para não me tornar do mundo, tenho de servir a Deus, servindo o mundo. Não é tentando escapar do mundo que dele me liberto. Dele me liberto se, paciente e persistentemente, mesmo nele permanecendo, mantiver-me imantado, ligado ao Reino de Deus, feito agulha de bússola apontando para o norte, feito giroscópio sempre na vertical, feito filhote perdido procurando a presença materna, feito broto crescendo em direção à luz, feito abelha, colibri, borboleta à caça de flor.

◊ ◊ ◊

Foi assim que Sankara, o vedantino, me ensinou a procurar Jesus: "Oh Mestre! Amigo dos devotos, oceano de bondade, eu te saúdo. Caído neste oceano de nascimento e morte, peço que me salves com teu direto olhar, que espalha a doce bondade suprema."

◊ ◊ ◊

"O odor das flores, do sândalo, do incenso ou do jasmim não domina o vento; mas o perfume da sabedoria sobrepuja o vento. Por toda parte, o homem santo espalha o olor da virtude", disse Buda. E Jesus disse, depois: "Assim resplandeça a vossa luz diante dos homens, para que vejam as vossas obras e glorifiquem o vosso Pai que está nos céus."

◊ ◊ ◊

"Tende fé em Deus, porque em verdade vos digo que qualquer que disser a este monte: 'Ergue-te e lança-te ao mar', e *não duvidar em seu coração*, mas crer que se fará tudo aquilo que diz, tudo o que disser será feito", Jesus ensinou. "É a fé no Nome do Senhor que realiza os milagres, porque a fé é a vida, e a dúvida é a morte" – Ramakrishna confirmou.

◊ ◊ ◊

O caminho da libertação não termina numa qualquer curva da estrada, que ofereça tranqüilidade, sombra, segurança e repouso ao caminhante fatigado.

Não te deixes dominar nem iludir.

Prossegue, caminhante.

Renuncia ao aliciante conforto.

Ninguém chega, se supõe que já chegou.

Glossário

Asmita: Egoísmo, egocentrismo, narcisismo.

Atman: Alma Universal, essência única de toda forma de existência.

Avataras: Encarnações da Divindade.

Bahá-U-Llláh: Profeta persa fundador da *Fé Bahá'i*. Literalmente, Glória de Deus.

Bhakta: O devoto.

Bhakti: Amor devocional.

Bhakti Yoga: Modalidade de realização espiritual através da devoção, da adoração e do amor a Deus ou a uma determinada expressão pessoal de Deus – o *ishta devata*. É adorando seu *ishta devata* que o *bhakta* atinge a união (*Yoga*) com a Divindade. Chama-se também *Bhakti Marga* (*marga*, caminho).

Brahma: O Absoluto; Deus Transcendente.

Buda: Um ser, como o príncipe Sidharta, que alcançou a iluminação.

Cristo: Do grego *Christos*, o ungido. Título dado a Jesus de Nazaré, para indicar que era o messias ou o ungido do

Senhor, tão anunciado pelos profetas do Antigo Testamento.

"A doutrina fundamental do cristianismo afirma que Jesus Cristo, a segunda pessoa da Trindade, é 'ao mesmo tempo' homem e Deus. Aquela parte da teologia dedicada especialmente ao estudo das relações da segunda pessoa com a primeira (Deus Pai) e a terceira (Deus Espírito Santo) recebe o nome de Cristologia... Esotericamente, 'O Filho', o mais elevado iniciado do Período Solar, o 'Verbo' de que fala São João." (*Dicionário esotérico*, Zaniah.) Segundo outras escolas esotéricas, Jesus foi uma forma humana que recebeu, por merecer, por estar pronto, o *avatara* de Deus – o Cristo.

Dukha: A "dor" cósmica, onipresente, resultante do apego que temos à fugacidade de tudo que existe. É a primeira das Quatro Nobres Verdades do Budismo. A "cruz pesada" que todos carregamos enquanto não realizamos o Cristo.

Guru: Mestre espiritual.

Inayat Khan: O maior divulgador do sufismo no Ocidente, através do Movimento Sufi.

Ishwarapranidhana: Entregar-se aos desígnios da Providência; total doação a Deus.

Jehovah: O nome de Deus na religião judaica. Literalmente, Deus macho e fêmea.

Jnana: Literalmente, conhecimento. Esotericamente, conhecimento divino; a "Verdade que liberta".

Jnana Yoga: União à Verdade Suprema (*Sat*, Deus) através da vitória sobre *avidya* ou *maya* (a grande ilusão frustradora). É *avidya*, a ignorância cósmica, que gera o egoísmo e as demais conseqüências: apego, aversão e medo de morrer.

Jnanin: O praticante de *Jnana Yoga*, o que segue o *Jnana Marga*, o caminho do conhecimento libertador.

Karma: Lei universal de causa e efeito, pela qual cada ser humano padece ou goza as conseqüências de seu agir no mundo como um ser livre e responsável que é.

Karma Yoga: Método de Yoga pela ação; método de realização espiritual que consiste em atuar no mundo sem vincular-se aos méritos e deméritos resultantes do agir, do pensar, desejar e falar egoisticamente. É o agir impessoalmente em *samsara*, o mundo. É o agir que liberta e realiza *Nirvana*.

Krishna: Encarnação de *Vishnu* (Deus); personagem central do *Bhagavad Gita*; a suprema personalidade de Deus.

Lanu: Discípulo.

Lei do Karma: Lei da retribuição de causa e efeito. Segundo ela, toda ação (*karma*) é uma semeadura de causas que, cedo ou tarde, produzirão efeitos, que colherão o agente, o atuante responsável. Gerando méritos, o *karma* individual ou coletivo é bom. Gerando deméritos, mediante atos maus, a infalível colheita será de dor. É uma lei universal.

Mahatma: Literalmente, "grande alma". "Um adepto da mais alta ordem. Seres exaltados que, tendo alcançado o domínio de seus princípios inferiores, se acham na posse de conhecimentos e poderes correspondentes ao estágio que atingiram. Em língua *pali* são chamados *Rahats* e *Arhats*. (*Theosophical Glossary*, H.P.B.)

Mahoma: Profeta árabe que fundou a religião islâmica.

Maitreya: O futuro Buda; o Cristo que retorna.

Mantram: Invocação, som, palavra, conjunto de palavras, com poder mágico, capaz de provocar efeitos subjetivos e objetivos.

Mumukshutva: Aspiração intensa, profunda, dominante, total pela libertação.

Nirvana: Literalmente, expiração completa. Bem-aventurança perfeita, além dos conceitos de ser e não-ser, é a meta da ascese budista. Esotericamente, é o estado de absoluta essência e consciência, próprio de um homem que tenha atingido o mais alto grau de perfeição e santidade em vidas pretéritas, após a morte do corpo, e ocasionalmente durante toda a vida, como no caso de *Gautama Buda* e outros.

Nômeno: De *noumenon*, significa Aquela Realidade inacessível e absoluta da qual os fenômenos são apenas expressões sensíveis.

Pujas: Culto hinduísta a uma deidade.

Ramakrishna (1834-1886): Místico hindu. Experimentou, em profundidade, o hinduísmo, o budismo, o islamismo, o jainismo e o cristianismo. Sua doutrina ecumênica foi divulgada principalmente pela *Ramakrishna Misson* e por seu discípulo, o *Swami Vivekananda*.

Ramana Maharishi: Conhecido como o Sábio de Arunachala, santo e sábio, viveu de 1879 a 1950. Considerado o maior *rishi* da Índia moderna, ensinou a prática de *atmavichara* ou a busca do Ser em cada um de nós, através da insistente pergunta "Quem sou eu?".

Ramanuja (1050-1137): Um dos maiores *rishis* (sábios) da Índia. Fundou a escola vedantina chamada *Vishishtadvaita* ou Vedanta Qualificada.

Rishi: Sábio, iluminado, vidente da Verdade.

Sâdhaka: Aquele que está praticando uma disciplina de libertação.

Sádhana: Método, prática, experiência viva daquele que visa meta suprema – a libertação (*mukti*) ou união (*Yoga*).

Sankara (788-820): Também chamado *Sankara-charya*, grande *rishi*, fundou a escola *Vedanta Advaita*, que ensina a unidade essencial e única de todos os seres.

Samsara: Literalmente, rotação. O mundo fenomênico, ilusório; inquieta sucessão de surgir e sucumbir, nascer e morrer e novamente...

Sat: O Ser-Verdade.

Sat-Chit-Ananda: É um dos muitos nomes de Deus e que lembram que Deus é *Sat* – o Ser Absoluto e Verdade; é *Chit*, a Consciência Suprema; e é *Ananda*, a Suprema Beatitude, Felicidade, Bem-Aventurança.

Siddha: Literalmente, aquele que atingiu a *perfeição* (*siddhi*), tendo conseqüentemente todos os poderes (*siddhis*).

Siddharta Gautama: Príncipe de *Kapilavastu*. Tendo renunciado a tudo, por compaixão universal (*daya*), na solidão, buscou dentro de si, no silêncio da mente, o remédio, a salvação contra o sofrimento humano (*duhka*). Disto resultou sua iluminação, isto é, atingiu o *budato*, tornou-se um *Buda*. Ensinou uma doutrina de libertação que recebeu o nome de budismo e que se fundamenta nas Quatro Nobres Verdades e no Caminho Óctuplo.

Stupas: Monumento erguido para guardar relíquias de santos budistas.

Swadyaya: A pesquisa (estudo, inquérito, busca) da Realidade, do Nômeno, do Ser. Um dos preceitos da *Kriyá Yoga*.

Tapas: Ascetismo, austeridade, visando aumentar a necessária resistência contra doenças, fragilidades, autogratificações... e a indispensável pureza física, psíquica, moral e espiritual.

Vairagya: Desapego, indiferença pelas coisas de *samsara*; ausência de ânsia ou desejo.

Vedanta: Literalmente, a parte final (*anta*) dos *Vedas* (doutrinas sagradas do hinduísmo). É um conjunto de filosofias e *sâdhanas*, ortodoxamente fundamentado nos *Upanishads* (parte conclusiva dos Vedas). São três as escolas vedantinas: (a) a *Dvaita*, que postula a eterna cisão e distinção entre Deus e o homem; (b) a *Vishishtadvaita*, que também postula a dualidade, mas afirma que a realidade do homem é precária, pois se fundamenta na Realidade de Deus; (c) a *Advaita*, que afirma só existir *Brahman*, o Uno-Sem-Segundo, sendo o homem essencialmente unido e idêntico a Deus.

Viveka: Discernimento (discriminação) entre o Real e o ilusório, entre o Ser e o não-ser; entre Espírito e matéria, entre Nômeno e fenômeno.

Yoga: Literalmente, juntar. Vem do radical *yuj* (jugo). Significa portanto unir, juntar, unificar. Escola filosófica ortodoxamente fundada nos Vedas. É um conjunto de verdades metafísicas e comportamentos práticos visando a união da alma individual em evolução (*jiva*) com a Alma Universal (*Paramatman*). Disto resulta a restituição de *Purusha*, o Espírito, à sua primitiva liberdade (*kaivalya*) em relação ao mundo material (*Prakriti*).

Há várias modalidades de Yoga, conforme a predominância do desenvolvimento ou aprimoramento de uma das dimensões do homem, isto é, do *jiva*: (a) *Bhakti Yoga*, do amor-devoção; (b) *Karma Yoga*, a da ação perfeita; (c) *Jnana Yoga*, a da sabedoria; (d) *Hatha Yoga*, a do equipamento somatopsíquico; (e) *Raja Yoga*, a da mente. Elas se completam, embora, conforme à natureza especial (*dharma*) de cada *yoguin* (praticante), uma predomina enquanto as demais são concomitantes. Segundo o *rishi Patanjali*, codificador da *Raja Yoga*, a fim de assegurar eficiência em qualquer das modalidades, o aspirante precisa preparar-se por meio da *Kriyá Yoga* (prática preliminar) que consiste na observância de *Tapas*, *Swadyaya* e *Ishwarapranidhana*.

Yogui: Aquele que já alcançou a meta, isto é, conquistou a libertação (*mukti*) ou a união (Yoga).

Yoguin: Aquele que está praticando o *sádhana*.

O autor

JOSÉ HERMÓGENES DE ANDRADE FILHO, conhecido como Professor Hermógenes, foi o pioneiro em Medicina Holística no Brasil. Nascido em 1921, dedica-se ao crescimento espiritual dos seres humanos, dividindo seu tempo no trabalho na Academia Hermógenes, na publicação de livros terapêuticos e de poesia, na produção de artigos para a imprensa, na ministração de cursos, seminários e teses para congressos científicos. Foi criador do Treinamento Antidistresse, do método Yoga para Nervosos, colaborador (com Yogaterapia) da 32ª Enfermaria da Santa Casa (RJ), professor de Filosofia, além de ainda exercer as atividades de conferencista, poeta e ensaísta.

Entre as premiações e os títulos a ele concedidos pelo trabalho em prol da evolução da humanidade, destacamos alguns:

- Medalha de Integração Nacional de Ciências da Saúde
- Doutor em Yogaterapia, concedido pelo World Development Parliament (Índia)
- Diploma D'Onore no IX Congresso Internacional de Parapsicologia, Psicotrônica e Psiquiatria (Milão, 1977)
- Medalha Pedro Ernesto (Câmara de Vereadores do Rio de Janeiro)
- Cidadão da Paz, do Rio de Janeiro (1988)
- Medalha Tiradentes (Assembléia Legislativa do Rio de Janeiro, 2000), pela contribuição na área de saúde
- Título Doutor Honoris Causa concedido pela Open International University for Complementary Medicine, do Sri Lanka, pela vida dedicada à saúde de seus semelhantes e pelo conjunto de sua obra literária
- Patrono do Núcleo de Yoga "Professor Hermógenes" da Universidade Federal do Rio Grande do Norte

Para contatos com o autor:

ACADEMIA HERMÓGENES

Rua Uruguaiana, 118/cobertura – Centro

CEP 20050-092 – Rio de Janeiro, RJ

Tel.: (21) 2224-9189

e-mail: achyoga@unisys.com.br

Home page: www.profhermogenes.com.br

Conheça as obras de Hermógenes

Livros científicos e técnicos que promovem a saúde, o bem-estar, a longevidade e o engrandecimento pessoal:

Autoperfeição com Hatha Yoga – 46ª edição

O que é Yoga – 2ª edição

Saúde na terceira idade – 14ª edição

Saúde plena com yogaterapia – 5ª edição

Yoga para nervosos – 40ª edição

Livros poéticos e filosóficos que sensibilizam a alma e o coração:

CANÇÃO UNIVERSAL – 4ª edição

CINTILAÇÕES 1, CINTILAÇÕES 2

CONVITE À NÃO-VIOLÊNCIA – 4ª edição

DÊ UMA CHANCE A DEUS – 4ª edição

DEUS INVESTE EM VOCÊ – 5ª edição

O ESSENCIAL DA VIDA – 3ª edição

MERGULHO NA PAZ – 28ª edição

SABEDORIA: PREFÁCIOS DE HERMÓGENES

SETAS NO CAMINHO DE VOLTA – 2ª edição

SUPERAÇÃO – 6ª edição

VIVER EM DEUS – 3ª edição

YOGA: CAMINHO PARA DEUS – 15ª edição

YOGA: PAZ COM A VIDA – 11ª edição